LA CAMPAGNE AU BALCON

Catherine Nuridsany

LA CAMPAGNE AU BALCON

200 plantes faciles
pour terrasses et balcons

LA MAISON RUSTIQUE

Photographies : Lamontagne
Illustration de couverture : Ianna Andreadis

ISBN : 2-7066-0164-7
N° d'édition : FX 016403

Pour une Suzanne
aux yeux noirs.

Sommaire

Première partie

Conseils & techniques

Deuxième partie

Les plantes de A à Z

Troisième partie

Index

AVANT-PROPOS

Ce guide s'adresse à tous les citadins qui se rêvent jardiniers. En deux cents plantes sélectionnées pour leur beauté et leur robustesse, et quelques conseils de base – qui sont au fond des règles de bon sens –, c'est une invitation à fleurir sa fenêtre, son balcon ou sa terrasse. Car nous avons tous la main verte, et fleurs, arbustes et plantes grimpantes ne manquent pas pour égayer un jardin de ville d'un bout à l'autre de l'année. Et puis semer, planter, tailler, c'est facile, ça ne prend pas beaucoup de temps et c'est un tel plaisir !

Ce choix réaliste est assez large pour répondre aux questions qui reviennent le plus souvent en ville :

- comment s'assurer des floraisons simples et généreuses sans se limiter aux géraniums et aux pétunias ?
- une orientation à l'ombre est-elle un handicap pour fleurir un balcon ?
- quelles plantes résistent aux brûlures du soleil, à une sécheresse passagère ?
- quelles sont les plantes qui tiennent au vent ?
- existe-t-il des plantes qui gardent leurs feuilles et fleurissent en hiver ?

Cette sélection est complétée par des conseils de base, rassemblés en début de volume, qui permettent au jardinier de balcon de partir du bon pied et lui donnent les clés pour planter, nourrir et soigner son jardin. Quelques indications sur le choix des conteneurs et un certain nombre de propositions l'aideront à composer au mieux un jardin qui lui ressemble.

Une deuxième partie, qui constitue l'essentiel du guide, détaille les plantes de A à Z. Chacune est présentée sur une pleine page, conçue comme une fiche détaillée regroupant tous les renseignements pratiques : photographie, caractéristiques essentielles, portrait de la plante et variétés recommandées, conseils de plantation et d'entretien.
Attention : les plantes sont classées par ordre alphabétique de nom latin car la classification botanique est la seule référence admise par tous. Leur appellation courante est indiquée juste en-dessous. Si vous ne connaissez pas le nom latin d'une plante, vous la trouverez sous son nom usuel dans l'index général.

Différents index thématiques en fin d'ouvrage facilitent la recherche et permettent de retrouver les plantes selon les différents critères qui déterminent les choix (floraisons par saison, plantes d'ombre, plantes qui résistent à la sécheresse, plantes odorantes, ...).

En contrepoint au guide, une série d'interviews de professionnels et de jardiniers amateurs illustre de façon très personnelle la pratique du jardin. Leur point de vue exprime leurs choix, les problèmes qu'ils ont eu à résoudre et le bonheur qu'ils rencontrent dans la compagnie des plantes.

Page 6 - *La légèreté du coloris tilleul des euphorbes joue en douceur avec le volume important de la jarre plantée de pois de senteur.*

Page suivante - *Grâce aux étagements et au port retombant de certaines fleurs, la profusion colorée reste légère : lobelias et pétunias débordant de la jardinière à l'avant de calcéolaires jaunes et de phlox blancs, au-dessus de sanvitalias tapissantes.*

Première partie

Conseils & Techniques

Avant de commencer, quelques notions indispensables pour mettre toutes les chances de votre côté. Elles concernent aussi bien la plantation que la composition du jardin ou les contraintes particulières dont il faudra tenir compte.

LA TERRE

La qualité de la terre est un point qu'on ne peut négliger mais qui ne pose aucune difficulté, si l'on a deux principes à l'esprit :

- une même terre ne convient pas à toutes les plantes,
- la fertilité de la terre a ses limites.

Sur un jardin de balcon, il faut d'autant plus surveiller la qualité du substrat que les pots et jardinières contiennent peu de terre.

Quelle terre pour quelle plante ?

Sur un jardin suspendu, on a le choix entre trois types de plantes :

Les arbustes, conifères et rosiers

Ils ont besoin d'une terre assez consistante et riche pour bien s'enraciner et se développer.
Une « terre à rosiers » leur convient parfaitement. C'est un mélange de terre de jardin, d'agents rétenteurs d'eau comme l'argile, et de compost nutritif, notamment riche en potasse.

Les plantes et arbustes de terre de bruyère

Ils demandent de l'acidité dans leur sol et, en général, supportent mal le calcaire.
La terre dite « de bruyère », avec une bonne teneur en acide, est appropriée mais il faut l'enrichir d'un peu de compost nutritif.

Les plantes herbacées, annuelles ou vivaces

Elles poussent bien dans un mélange de terre végétale, d'agents rétenteurs d'eau comme la tourbe, et de compost nutritif.
Les « terreaux universels » leur conviennent tout à fait.

Les bulbes

Ils se nourrissent de leurs propres réserves et poussent dans n'importe quelle terre pas trop consistante.

Conseils d'achat

« Terre à rosiers », « terre de bruyère » et « terreau universel » s'achètent prêts à l'emploi en sacs de différentes tailles chez les grainetiers ou dans les jardineries spécialisées.

- On commence à trouver dans le commerce des terreaux spécialement conçus pour les terrasses, plus légers, avec une bonne capacité de rétention d'eau. On vend aussi des briquettes de terreau déshydraté, plus particulièrement destinées

Sur une toute petite terrasse peu ensoleillée cohabitent gaiement fleurs et arbustes, encadrés par des hydrangeas, avec un bambou près de la porte.

aux plantes annuelles, qui multiplient sept fois leur volume quand elles sont plongées dans l'eau. Mais ce ne sont pas des mélanges tout prêts : il faut ajouter une certaine quantité de compost à la plantation. La facilité de transport est leur principale qualité.

• Ayez aussi en réserve un « terreau spécial semis », pour faciliter la germination des graines que vous aurez semées directement dans les pots.

• Les spécialistes conseillent d'être vigilants sur la qualité de la terre vendue en mélange tout prêt. Un terreau bon marché est un terreau dont on peut mettre en doute les qualités : il ne sera pas assez nutritif et peut porter des germes de maladies car il n'aura probablement pas été désinfecté. Des témoignages de particuliers corroborent cette mise en garde.

La tourbe

• S'il est plus pratique d'acheter la terre en mélange tout prêt, il est utile d'avoir aussi de la tourbe en réserve.

• La tourbe est une terre légère, acide, pauvre en éléments nutritifs, mais qui est un excellent rétenteur d'eau qu'elle libère progressivement. Il faut la mouiller avant de l'utiliser en l'imprégnant soigneusement d'eau dans un seau (avec des gants : la tourbe est acide).

• Choisissez de la tourbe blonde qui ne s'agglomère pas en paquets. On en ajoute un peu à la plantation et elle est très utile pour les surfaçages ultérieurs nécessaires aux plantes vivaces (le surfaçage est un apport de composés nutritifs, de compost et de tourbe, en remplacement de quelques centimètres de terre de surface, que l'on effectue en automne et au printemps).

point de vue

Un jardin sans complication

Alain Bandaly, paysagiste, essaie toujours de faire vivre une terrasse selon le cycle des saisons et de sensibiliser ses interlocuteurs au rythme de la nature.

Quand vous élaborez une terrasse, avez-vous un principe de base ?

– Un jardin immuable, été comme hiver, c'est triste, ça ne vit pas.
Ce qui m'intéresse, c'est l'évolution des plantes d'un bout à l'autre de l'année.

Cela demande une plantation très variée. Cela ne vous pose pas de problèmes de terre ?

– En fait, non. Il y a, pour résumer simplement, deux sortes de terre sur un balcon : le terreau universel et la terre de bruyère. Et je peux à la limite tout planter en terre de bruyère : aucune plante n'y pousse mal, et cela permet d'alterner les plantes de bruyère et les autres sans être obligé de changer la terre. Bien entendu, il faut prendre un bon terreau, toujours un peu cher, et l'enrichir avec du compost. Puis tous les ans, surfacer de compost au printemps.

Est-ce suffisant pour éviter les engrais ?

– On ne peut pas en faire l'impasse. Pour les arbustes, les plantes de bruyère, les conifères, il faut donner au printemps et en automne des engrais lents en granulés. On les disperse, on gratte le sol pour les faire pénétrer un peu, et l'on arrose. Pour les buis, le sang desséché (c'est un engrais naturel) deux fois par an est parfait. Quant aux plantes herbacées, dès que la végétation a bien repris, des engrais liquides tous les 15 jours, voire tous les mois, sont suffisants.

Vous devez avoir souvent des problèmes de vent. Que faites-vous pour le filtrer ?

– J'installe des treillages en bois contre lesquels je fais monter des grimpantes. Je plante aussi des arbustes de haie, des lauriers du Caucase. Quand ils sont grands, les buis sont aussi très bien.

Quelle est votre plante préférée ?

– J'en ai deux. Le scaévola, nouveau venu sur le marché, est une annuelle bleue qui s'étale et retombe avec souplesse. C'est très gracieux. Et le céanothe, un arbuste magnifique, bleu aussi, que je conseille toujours. Mais attention à la plantation : les branches sont fragiles et cassantes. J'aime aussi beaucoup les pivoines, mais je n'ai pas encore réussi à les acclimater sur une terrasse.

Pelargonium odorant 'Paxton's unique'

LES ENGRAIS

Les engrais sont des composés fertilisants, indispensables pour les plantes de balcon qui épuisent beaucoup plus vite que dans un jardin les éléments nutritifs de la terre.

Il faut distinguer les engrais de fond, que l'on adjoint à la plantation, et les engrais qu'on donne au cours de la végétation pour soutenir la croissance et favoriser la floraison. Ils peuvent être à diffusion lente ou rapide. Ces deux catégories d'engrais sont nécessaires et complémentaires.

Les engrais de fond

Ce sont les composts, riches en éléments fertilisants naturels et bien décomposés. On les utilise à la plantation et pour les surfaçages.
Les composts de type « Or brun » sont les plus intéressants car ils contiennent entre autres de la potasse. Mais on peut utiliser du fumier par lombriculture, type « Nutri'plante », auquel on adjoint, pour les plantes vivaces, un peu de poudre de roche ou de « Patentkali », riches en potasse.

À la plantation

• Pour les arbustes, rosiers et conifères, on en tapisse le fond des pots et bacs en couche de 2 à 5 cm (selon la grosseur du conteneur) : ils serviront de réserve nutrive où les racines des arbustes viendront puiser quand elles en auront atteint la couche.

En surfaçage

• Uniquement pour les plantes vivaces. On les épand mêlés à de la tourbe en couches de quelques centimètres, en remplacement de la terre de surface.

Les engrais complémentaires de pleine végétation

Ces engrais sont en quelque sorte les vitamines de la plante qui relancent la végétation. Ce sont des composés à teneur variable en azote (N), phosphore (P) et potassium (K).

On distingue :

Les engrais à diffusion lente
(type « Osmocote ») qui sont des granulés qu'on donne une fois au printemps, et une autre fois au début de l'été pour les floraisons de longue durée.

Les engrais à diffusion rapide
souvent sous forme liquide, qu'on apporte régulièrement pendant toute la période de végétation.

Il existe des engrais spécifiques pour les rosiers, les bulbes, les géraniums... Il est plus simple de choisir un seul engrais qui convienne à toutes les plantes. L'engrais-tomate, entre autres, peut avoir cet usage et l'engrais-géranium, qui réussit plus particulièrement aux fleurs herbacées.

Voici quelques engrais naturels et plus spécifiques, que l'on saupoudre deux à trois fois, de la fin de l'hiver jusqu'en pleine saison. Il est intéressant de les alterner d'une année sur l'autre avec les engrais liquides.

Sang desséché
Bonne teneur en azote, favorise la pousse du feuillage.

Corne torréfiée
Même qualité, même usage.

Poudre d'os
Bonne teneur en phosphore, favorise la floraison.

Poudre de roche
Bonne teneur en potasse, donne de la vigueur aux arbustes et les aide à lutter contre les maladies.

« Patentkali »
Même qualité, même usage.

Algues
Même qualité, même usage.

Quelques précautions

- Mettez des gants avant d'utiliser les engrais.
- Ne donnez jamais d'engrais complémentaires lors de la plantation ou du rempotage : attendez que la plante ait bien repris.
- Pour avoir une floraison régulière, mieux vaut diminuer les doses prescrites sur les emballages et respecter le rythme des apports plutôt qu'avoir la main lourde et espacer les apports d'engrais.

• Pour ne pas brûler la plante, évitez de verser les engrais liquides en plein soleil. Ne versez pas ces engrais sur une terre sèche, mais arrosez la veille et refaites un léger arrosage avec l'apport d'engrais liquide.

• Pour une bonne pénétration des engrais en granulés, dispersez-les sur la surface, griffez légèrement la terre et arrosez.

Ci-dessus - *La floraison étagée dans le temps est intéressante : quand les tulipes perroquet commenceront à faner, l'azalée prendra le relais.*

Page 20 - *En associant des tulipes courtes et hautes, on peut facilement donner de la variété à des potées toutes simples.*

LES OUTILS

Très peu d'outils sont nécessaires sur un balcon, mais quelques-uns sont bien utiles. Achetez-les en modèle réduit et de bonne qualité : ils doivent être anti-rouille et avoir une bonne attache sur le manche.

Transplantoir
Il sert à planter, dépoter, rempoter en préservant la motte de terre.

Griffe
Elle permet d'aérer la terre de surface – ce qui freine son évaporation – et de faire pénétrer légèrement granulés et semis.

Fourche-bêche
Elle facilite le déracinement des plants et le travail de la terre pour la mélanger et l'aérer.

Sécateur
Pour une taille nette. Prenez-le plus ou moins fort en fonction des branches à tailler.

Petit vaporisateur en plastique
Pour le bassinage des feuilles les soirs d'été.

Arrosoir
Ne le prenez pas trop grand (5 litres), il sera moins lourd.

Gants de jardinage
Ne les oubliez pas, ils sont plus utiles qu'on ne croit.

POTS, BACS ET JARDINIÈRES

Le choix des conteneurs est un des moments les plus agréables de la plantation. Les jardineries proposant souvent le même type de conteneurs, allez aussi dans les magasins spécialisés pour avoir plus de choix. Prenez votre temps, regardez et comparez.

De nombreux critères entrent en ligne de compte : outre l'aspect esthétique, qui relève d'un domaine très personnel, il faut aussi avoir à l'esprit la solidité, le poids, la taille et l'encombrement des pots et jardinières.

- Faites-vous d'abord conseiller sur leur taille en fonction de la plante ou du groupe de plantes que vous voulez y installer.
- Gardez en tête les dimensions de votre balcon, pour y ajuster parfaitement les pots ou jardinières basses que vous pensez acheter. Sur un grand balcon ou une terrasse, les contraintes de taille sont moindres, mais il faut essayer de garder le sens des proportions : des conteneurs trop petits ou trop encombrants ne seraient pas harmonieux.

Il existe sur le marché trois matières principales pour les conteneurs. Elles ont chacune leurs qualités et leurs défauts.

Le plastique moulé

Décrié par les uns, très utilisé par les autres, ses qualités sont la légèreté et la solidité. La légèreté est un facteur important sur un jardin de balcon ou une terrasse, qui ne supportent pas toujours les surcharges importantes. Elle permet aussi de manier les pots sans trop de fatigue. Par ailleurs, le gel n'a pas d'action sur le plastique, qui est également facile à nettoyer entre deux rempotages. Enfin, le plastique est très bon marché.

Mais si les pots en plastique sont petits, ils sont trop légers et instables sous l'action du vent. Et surtout, quelle que soit leur taille, ils emmagasinent la chaleur d'autant plus qu'ils sont en plein soleil, ce qui risque de cuire les racines (pour créer une isolation thermique, on peut doubler les parois intérieures d'un plastique-bulle avant la plantation).

On dit aussi que le plastique est laid. C'était vrai il y a quelque temps, mais ça l'est moins aujourd'hui : on trouve sur le marché toute une série de conteneurs qui imitent la terre cuite par la forme, la couleur, les décors, et même la texture légèrement granuleuse.

On trouve aussi des coloris vert bronze très discrets qui peuvent être assez jolis sur la rambarde d'une fenêtre ou d'un petit balcon.

Certains pots de taille spectaculaire remplacent les bacs pour la plantation d'arbustes ou de petits arbres. Leur légèreté et leur prix les font parfois préférer aux bacs en bois.

La terre cuite

C'est une matière traditionnelle, jolie et sans prétention, qui a beaucoup de charme et fait beaucoup d'adeptes. Elle est bon marché quand les pots et jardinières sont fabriqués en série, nettement plus chère lorsque la fabrication est artisanale. Mais elle est fragile aux chocs et au gel.

Légers, solides, les conteneurs en plastique peuvent être jolis, plantés ici de tabacs, de digitales et de géraniums vivaces.

On trouve aujourd'hui beaucoup de modèles artisanaux de toutes formes, plus ou moins décorés de motifs floraux à l'italienne, de croisillons imitant la vannerie, de simples filets faisant le tour des pots. La poterie peut aussi être émaillée ou vernissée dans toutes sortes de coloris. La plus célèbre est la poterie d'Anduze, un coup de folie à réserver aux terrasses très formelles.

Mais il est important de choisir une poterie assez lourde et bien cuite, qui sera moins cassante et moins sensible au gel, comme la poterie d'Aubagne, et dont le vernis ne s'écaillera pas sous l'action de brusques écarts thermiques.

Le bois

Réservé aux bacs et aux grandes jardinières, le bois est une matière vivante, belle mais un peu fragile à l'humidité et au froid, et un peu lourde.

Pour avoir une bonne durée de vie, le bois doit être traité ou d'essence assez précieuse comme les bois exotiques, le châtaignier et le chêne.

De simples bacs en pin ayant subi un traitement à l'autoclave (cuisson à la vapeur sous pression) ont cependant une excellente durée de vie et sont bien meilleur marché que les bois semi-précieux. Les bacs à orangerie, à parois amovibles, sont extrêmement pratiques quand il faut remplacer la terre mais ce sont de loin les plus coûteux.

Il faut toujours choisir des bacs munis de pieds pour permettre un bon écoulement et une aération suffisante au fond.

Vous pouvez aussi utiliser des bassines ou autres contenants en matériaux usagés, qui peuvent être assez gracieux en cache-pots, comme le fer galvanisé, l'étain, l'aluminium, le zinc, le métal émaillé (mettez une couche de billes d'argile au fond pour préserver le drainage des pots).

Ci-dessus - *Une belle touffe de graminée égaie à elle seule un coin un peu sombre.*

L'EAU :
l'étanchéité, les arrosages

Pour bien mesurer les conséquences d'une mauvaise étanchéité ou d'arrosages intempestifs, imaginez-vous dans la situation du voisin qui habite en dessous de chez vous ou du passant qui reçoit une douche, et vous comprendrez tout de suite les mesures qui s'imposent pour éviter les ennuis : que vous soyez propriétaire ou locataire, votre responsabilité est engagée si vous n'avez pas respecté certaines règles.

L'étanchéité

• Sur un simple appui de fenêtre ou un balcon, de bonnes soucoupes sous vos pots et jardinières suffisent à protéger le voisinage et le revêtement du sol (dont on doit quand même vérifier l'imperméabilité de surface pour empêcher la corrosion).

• Arrosez assez lentement pour éviter les débordements, et même en plusieurs fois pour mieux maîtriser l'absorption de l'eau par la terre.

• Sur une terrasse, vous n'avez dans la plupart des cas que la jouissance exclusive (une lecture du règlement de copropriété vous renseignera à ce sujet). Vous devez demander au syndic ou à l'architecte de l'immeuble de s'engager par lettre sur la parfaite étanchéité du sol et sur une correcte évacuation des eaux de ruissellement. Attendez les éventuels travaux de réfection – engagés par la copropriété – avant de planter.
Si vous êtes propriétaire exclusif de la terrasse, les vérifications et travaux sont de votre responsabilité et à votre charge. Si vous êtes locataire, demandez au propriétaire d'effectuer ces démarches et attendez sa réponse écrite.

Les arrosages

Certains jardiniers prônent des arrosages fréquents, d'autres préfèrent espacer. Quelle que soit votre tendance, enfoncez votre doigt dans la terre : s'il ne rencontre pas d'humidité, arrosez.

• Quoi qu'il en soit, des réflexes de bon sens prévalent : on arrose plus à partir du printemps, dans la soirée quand il commence à faire chaud, beaucoup plus rarement à partir de l'automne, et toujours hors gel en hiver.

Dans une potée, on peut aussi jouer sur les textures : pétales délicats des pétunias, duveteux des ageratums et froissés des tagètes.

• Pour espacer les arrosages, si vous ombrez les pots (et non la plante), la terre séchera beaucoup moins vite. Paillez aussi la surface des conteneurs de tourbe ou d'écorce de pin.

• Certaines plantes supportent mal le calcaire de l'eau de ville. Il existe un moyen très simple de l'éliminer : remplissez un seau d'eau 24 heures avant d'arroser pour que le calcaire se dépose au fond et versez lentement les trois quarts du seau dans un arrosoir (jetez le dernier quart avec le dépôt de calcaire).

• Si vous fleurissez une simple fenêtre ou quelques petits balcons, un arrosoir de contenance moyenne (5 litres) est plus facile à manier et bien suffisant. Si vous avez un balcon assez grand ou une terrasse, faites-y installer par un professionnel une arrivée d'eau à laquelle vous fixerez un tuyau d'arrosage muni d'un robinet d'arrêt. C'est tout de même beaucoup plus pratique que les allées et venues avec des arrosoirs dans l'appartement. Vous pouvez aussi installer sur l'arrivée d'eau un système d'arrosage automatique en goutte à goutte. C'est une solution idéale quand on s'absente souvent, et finalement peu coûteuse.

LA SÉCURITÉ

Il est indispensable de penser à la sécurité quand on fait des plantations sur une terrasse ou un balcon.

La copropriété

Assurez-vous tout d'abord que vous avez l'autorisation de planter en lisant votre contrat de location ou votre règlement de copropriété. En général (mais lisez encore une fois vos documents), terrasses et balcons sont des parties communes dont vous possédez seulement la jouissance exclusive. Il appartient donc à la copropriété de veiller à leur parfait état : étanchéité, bonne capacité de charge, ancrages satisfaisants des balcons.
Il faut donc prévenir le syndic ou l'architecte de l'immeuble de vos projets (ou le propriétaire qui transmettra la demande). Après vérification, ils vous confirmeront par écrit le bon état de l'ensemble ou feront procéder à des travaux votés en assemblée générale.

L'harmonie de roses des fuchsias et des pétunias est rehaussée par le rouge vif des œillets mignardise, sur fond de bleu franc du volet.

Le poids

Après les questions d'étanchéité (voir le chapitre « Eau »), les problèmes de surcharge sont les plus importants. On ne réalise pas toujours que la terre, surtout quand elle est gorgée d'eau, pèse lourd : 50 cm de terre bien allégée pèsent environ 400 kg/m^2 et largement plus quand il s'agit d'une terre ordinaire. Lorsqu'on sait qu'un balcon supporte une charge de 350 kg/m^2 et seulement un poids de 100 kg/m^2 au bord extérieur, ou qu'une terrasse peut absorber en moyenne 500 kg/m^2, la première précaution est d'éviter les surcharges :

- Installez les grosses jardinières ou bacs contre les façades et non pas au bord extérieur du balcon.

- Veillez à choisir des conteneurs qui ne pèsent pas trop lourd et achetez une terre allégée préparée par des professionnels. Ou allégez vous-même la terre avec de la tourbe, de la perlite ou de la vermiculite.

- Faites vérifier l'ancrage aux murs des balustrades, souvent considérées comme des parties privatives (relisez encore une fois votre règlement de copropriété) et qui relèvent de la responsabilité des propriétaires.

- Enfin, au moment d'accrocher les pots ou jardinières aux rambardes, souvenez-vous que la règlementation des villes interdit de les installer à l'extérieur sur des lieux de passage. Il se peut que, comme beaucoup de gens, vous ne teniez pas compte de cette dernière obligation. Prenez alors au moins la précaution d'acheter des supports de jardinière réglables en métal plat : ils sont beaucoup plus solides et supportent de plus grosses charges que les supports en petits fils de métal plastifié.

- Assurez-vous que rien ne risque de tomber à l'extérieur sous l'action du vent : en cas d'accident, votre responsabilité civile serait engagée.

VENT, GEL, MALADIES, ETC.

Le vent

On ne s'en aperçoit pas tout de suite, mais le vent est le pire ennemi des plantes. Il assèche la terre, casse les tiges des plantes un peu hautes, fait tomber les pots, fragilise les grimpantes, les treillages et tonnelles installées sans points d'attache solides.
La meilleure façon d'apprivoiser le vent est de le filtrer et non de l'empêcher de passer, ce qui créerait des turbulences à l'intérieur de la terrasse ou du balcon.

• Installez des claustras et treillages en bois, ou des filets brise-vent type « Nortène », contre lesquels vous adosserez des arbustes, des conifères ou des plantes grimpantes qui formeront un deuxième écran protecteur.

• Si vous voulez créer une tonnelle, elle aura d'autant plus de prise au vent qu'elle sera envahie par la végétation. Faites-la réaliser par un professionnel qui saura lui donner la solidité requise.

• Plantes résistant bien au vent :
Bambous, conifères, cotonéaster, buis, lierre, vigne vierge, houblon, glycine, chèvrefeuille, arbustes de haie à feuilles caduques, choisya, lavandes, santolines…

Le gel

Les plantes de balcon sont plus sensibles au gel parce qu'elles ont peu de terre pour protéger leurs racines et que les conteneurs laissent passer le froid. Prenez quelques précautions à la plantation et à l'entrée de l'hiver, elles devraient suffire pour protéger vos plantes.

• Si vous choisissez des conteneurs en plastique, doublez les parois intérieures (pas le fond) de plastique-bulle avant la plantation.

• Choisissez des poteries traitées contre le gel et assez épaisses : elles sont plus solides. Et – c'est un truc de jardinier – à l'entrée de l'hiver, enfoncez un morceau de bois sur toute la profondeur du pot, qu'il empêchera d'éclater sous l'action du gel.

• Intercalez une petite plaque de polystyrène entre le sol et les conteneurs : c'est un bon isolant.

Une terrasse abritée

Le foisonnement est tel sur la terrasse de Siki Maillard, créatrice de bijoux, qu'on pourrait penser qu'elle habite là depuis très longtemps. Il n'en est rien. Après avoir isolé sa terrasse, elle a créé un dallage de petites briques de récupération et une jardinière en brique elle aussi, qui fait le tour.

Quelles ont été vos premières plantations ?

– Les bambous, qui isolent et tamisent le vent. Je les ai taillés en haies hautes ce qui les a beaucoup fortifiés. Trop peut-être : il faut les cerner au pied pour brider les racines. Mais j'aime le bruissement des feuilles au moindre souffle d'air. Ensuite, j'ai planté une haie de grimpantes : quelques lierres d'Irlande, toujours pour l'isolation et le vent, contre lesquels j'ai fait monter du chèvrefeuille, des passiflores et des clématites. J'ai maintenant un microclimat, dans lequel je n'ai pratiquement pas de problèmes avec le gel. Les anthémis fleurissent jusqu'en décembre et je n'enveloppe les pélargoniums odorants que très tard en saison. J'aime le velouté du feuillage et leur parfum puissant de menthe ou de citronnelle, des parfums d'Afrique où j'ai passé mon enfance. J'ai aussi un bananier, superbe l'été, que je dois tout de même rentrer en hiver.

Il y a une majorité de plantes de soleil. Et des plantes d'ombre.

– Des anémones du Japon pour la fin de l'été et des fougères. Les plantes de feuillage sont très importantes dans un jardin où trop de fleurs brouillent la vue. J'ai donc planté des acanthes, des santolines vertes et un pied de rhubarbe dans mon petit potager. Car il n'y a pas de jardin sans coin potager, n'est-ce pas ?

• N'attendez pas qu'il fasse froid pour pailler vos plantations : commencez en automne. Selon certains jardiniers, du charbon de bois mêlé à la terre de plantation, de la cendre de bois ou du « Patentkali » en surface condensent la chaleur et protègent les plantes.

• Vous pouvez aussi entourer temporairement vos conteneurs de plastique-bulle, de paillon, de journaux, ou de plaques de polystyrène pour vos bacs, et protéger conteneurs et plantes frileuses avec un voile d'hivernage (qu'il faut cependant enlever aux redoux et remettre au cas d'une nouvelle attaque du froid). Armaturez le voile à l'intérieur avec des piquets de bambou piqués à la périphérie du pot pour qu'il n'écrase pas la plante et nouez-le au sommet.

Le soleil et la sécheresse

Une exposition plein sud n'est pas toujours facile à supporter pour les plantes qui, mis à part les espèces méditerranéennes, demandent de la lumière mais pas de soleil brûlant. Lorsque la chaleur d'une orientation au sud est doublée par la réverbération de murs blancs, il est impératif de protéger les plantations.

Le charme de la simplicité : le blanc des pensées est mis en valeur par un petit lierre délicatement panaché.

• Pour ruser avec le soleil, on peut en pleine saison utiliser des voiles d'hivernage, qu'on tend au-dessus des plantations. Ils les protègeront contre les rayons ultra-violets, les brûlures et le dessèchement.
Les plantes grimpantes robustes, comme la vigne vierge ou la vigne d'ornement, lorsqu'elles sont conduites en tonnelle, constituent des écrans naturels et efficaces. Les haies de bambous et d'arbustes ombrent bien les plantes à leur pied.

• Pour atténuer la réverbération de murs chauds, un treillage en bois doublé d'une grimpante est tout à la fois joli et très utile.

• Le dessèchement de la terre pose un vrai problème lorsqu'on abandonne sa terrasse ou son balcon quelques semaines. L'arrosage automatique est évidemment le moyen le plus sûr pour éviter les problèmes de déshydratation, mais on ne peut pas toujours en installer un. Il faut alors user de palliatifs : on peut rassembler ses pots, les protéger avec un voile d'hivernage et les isoler un peu de la chaleur en les installant dans de plus grands pots et en intercalant de la tourbe bien mouillée dans les interstices. On doit aussi pailler les conteneurs de tourbe ou d'écorces de pin pour atténuer l'évaporation.

• On peut aussi enfoncer dans chaque pot plusieurs carottes de céramique, que l'on peut se procurer dans toutes les jardineries. Remplies d'eau, elles humidifieront la terre au fur et à mesure des besoins.
Mais ces palliatifs n'ont qu'un temps. Seules quelques grimpantes rustiques comme le lierre, les plantes aromatiques

méditerranéennes et quelques vivaces particulièrement robustes résistent à une sécheresse prolongée. Vous en trouverez la liste dans les index en fin de volume.

L'ombre

Un jardin à l'ombre est en fait beaucoup plus facile à mener qu'un jardin en plein soleil. À moins d'habiter un rez-de-chaussée encaissé, l'ombre ne signifie pas un manque de lumière, mais simplement un manque de soleil direct. Beaucoup de plantes s'accommodent de l'ombre, si elle est assez lumineuse, et certaines la recherchent.
Les plantes de sous-bois, bon nombres d'herbacées et de grimpantes, certains rosiers et bien des arbustes à fleurs sont particulièrement beaux dans une situation ombragée qui met en valeur souvent mieux que le plein soleil leur floraison.
Et il va sans dire que les plantes d'ombre souffrent beaucoup moins vite du dessèchement.
Vous trouverez la liste des plantes d'ombre dans les index en fin de volume.

point de vue

Une impression de pays chaud dans un jardin à l'ombre

Joyce Bunuel, cinéaste, habite une maison prolongée par un petit espace vert qui ne voit pas beaucoup le soleil. La terre, plus proche du remblai que du terreau correct, était si mauvaise qu'elle vient de tout réaménager en ce qui s'apparente vraiment à une terrasse : longue jardinière cernée de briquettes en forme de U et tommettes au sol.

On a l'impression d'être dans un pays chaud quand on regarde votre « jardin ».
- J'ai voulu conjurer le ciel gris, le froid, et j'ai pensé au Mexique. J'ai consulté des livres sur l'architecture mexicaine dont j'ai repris les couleurs - rose brique et bleu, le bleu des pigments qui tapissent le fond des abreuvoirs de village dont je me suis inspirée pour le dessin de la fontaine.

Je me demandais ce qui donnait, à part les couleurs, cette impression de chaleur. C'est l'eau qu'on entend couler.
- Le son de l'eau à Paris, ça peut paraître un peu farfelu, mais c'est important pour moi.

Vous avez complètement remplacé la terre. Qu'est-ce que vous avez mis ?
- Du terreau universel et de grandes poches de terre de bruyère. Tout a changé : les bambous ont grandi, les camélias et les rhododendrons revivent. J'ai planté un oranger du Mexique, bien sûr, et puis des pervenches et du lamium comme couvre-sol.

Et l'aralia, qui n'est pas très rustique…
- Ici, j'ai très peu de soleil mais pas de vent. C'est très protégé. Je pense qu'il passera l'hiver.

Le soleil vous manque-t-il ?
- Oui, si j'en avais, je ferais un patio à la mauresque avec des oliviers, des cactus et des fleurs blanches.

Un balcon à l'ombre

Ginette Bourgeron, assistante sociale, a toujours eu des balcons à l'ombre.

Comment vous êtes-vous arrangée de cette contrainte ?

- J'ai commencé quand j'habitais un appartement qui donnait sur des platanes. J'ai voulu établir un lien entre mon balcon et ces arbres, en plantant non pas tant des fleurs que des plantes de feuillage : un aucuba qui se couvre de petites boules rouges en hiver, un laurier, un chèvrefeuille (ça sent bon, on le taille et il prend la direction qu'il veut), des liserons et des clématites qui se mêlaient au chèvrefeuille.

Vous avez une préférence pour le feuillage, les grimpantes qui poussent librement. Et les fleurs en pots ?

- J'aime beaucoup les impatientes sur un balcon, en couleurs multiples, mais cela suppose beaucoup d'eau. Et les anthémis : la seule fois où j'ai eu une fenêtre au soleil, j'ai installé deux pots d'anthémis encadrant un pied de lavande. J'ai adoré.

Pas de bambous ?

- Non. Je suis limousine, et le bambou, c'est vraiment trop loin du Limousin. Cette région est une terre de bois et de prairies où l'on voit peu la main de l'homme. J'ai cherché à recréer ça : des plantes où je n'intervenais pas trop. Des amis m'ont apporté des boutures de la campagne et moi, je ramassais des marrons, des glands. Les plants ne duraient pas plus de deux ans mais ils me surprenaient.

J'ai toujours aimé passer par la graine : graines de melon, pépins de fruits, noyaux d'avocat. Une végétation toujours fugitive mais intéressante.

Pourquoi ce goût de l'éphémère ?

- J'avais envie d'une maison à la campagne et en attendant, je ne cherchais pas vraiment à créer quelque chose de durable. Et puis le goût des compositions organisées sur les balcons est récent.

Il n'y a pas bien longtemps, Paris était plein de petits jardins très libres pris sur des carrières, des parcelles de terrain vague. Au début de ma formation, je travaillais derrière la place d'Italie, qui était un quartier ouvrier où beaucoup de gens avaient leur potager, et j'en revenais souvent avec une botte de poireaux, des pommes, du persil...

Les chats

Vous n'êtes pas seuls à aimer les plantes sur un balcon : les chats ont une prédilection pour certaines potées de semis ou certaines plantes qu'ils griffent ou mangent. Réservez-leur un petit pot « d'herbe à chat » ou de *Nepeta cataria* (menthe des chats), dont ils aiment le feuillage aromatique. Et pour protéger à coup sûr les autres plantes, achetez un répulsif aux extraits végétaux de type « Répulsif pour chiens et chats », en vente chez les grainetiers.

Maladies et parasites

Ce sont toujours à peu près les mêmes maladies et parasites qui attaquent les plantes de balcon. Si l'on traite dès l'apparition du mal, on soigne beaucoup plus facilement les plantations. Mais le traitement préventif est le meilleur des traitements : la bouillie bordelaise, dont on se sert pour la vigne, est un produit peu toxique et très efficace.

Pulvérisez les plantes tous les 15 jours, sans oublier le dessous du feuillage, en début de saison et avant la chute des feuilles. Attention, ce produit est bleu et fait des taches difficiles à enlever sur les vêtements.

Parasites les plus fréquents

Pucerons

Ces petits insectes verts ou foncés font vite des colonies, notamment sur les jeunes pousses des rosiers.

• Traitement : pulvérisations régulières d'insecticide approprié jusqu'à disparition complète.

Araignées rouges

Difficiles à détecter tellement elles sont petites, ces araignées s'installent au revers des feuilles qu'elles piquent d'une multitude de petits trous. Les feuilles tournent au gris argent, sèchent et tombent.

• Traitement : pulvérisations d'acaricide.

Aleurodes (ou mouches blanches)

Ce sont des insectes proches des pucerons, qui s'attaquent aussi à la sève des plantes. Les adultes, minuscules moucherons blancs, envahissent les feuilles.

• Traitement : pulvérisations d'un insecticide approprié dès leur apparition pour les empêcher de pondre (leurs larves sont très tenaces).

Otiorrhynques

Ces petits charançons font des attaques nocturnes sur les feuilles qu'ils dévorent en festons très caractéristiques. Il faut les surprendre la nuit et les « cueillir ».

• Traitement : on peut combattre les larves qui attaquent les racines avec une bouillie appropriée mêlée à l'eau d'arrosage.

Maladies

Oïdium

C'est une attaque de champignons qui se caractérise par un poudrage blanc sur les feuilles et les boutons floraux.

• Traitement : tous les 15 jours dès le printemps, pulvérisations à base de fongicide. Un bon paillage pour garder son humidité à la terre et des arrosages réguliers réduisent ces attaques.

Taches foliaires

Encore une attaque de champignons, caractérisée par l'apparition de taches plus ou moins foncées sur les feuilles. Ces taches sont le signe de plantes peu vigoureuses. Enrichissez régulièrement la terre de vos plantes et éliminez toutes les feuilles qui tombent au pied de vos plantations.

• Traitement : avec les mêmes produits que pour l'oïdium.

Quelques précautions

Nettoyez toujours les pots à chaque rempotage. Brossez à la brosse dure poteries et bois, lavez à l'eau javellisée, rincez et laissez sécher. Les plastiques ne se brossent pas car il n'y a pas d'adhérence. En fin de saison, désinfectez tous les outils à l'eau javellisée.

point de vue

Des plantes qui vivent toutes seules

Marie Perennou partage son temps entre Paris et l'Aveyron, où elle écrit, photographie les insectes, et où elle a coréalisé le film Microcosmos.

Votre vie vous permet-elle d'avoir un jardin en pots ?

- J'aimerais bien, mais c'est impossible : je suis toujours en transit entre Paris et l'Aveyron. J'en suis malheureuse parce que les plantes sont des compagnons. Mais j'ai quand même des plantes en pots en Aveyron. Pas beaucoup, quelques-unes à la fenêtre, ou posées sur les murets. La joubarde qui résiste à tout, la sécheresse, le froid… J'ai eu du pourpier qu'une amie m'avait donné. Il se ressème tout seul ! Une année, il a gelé quand je n'étais pas là. J'ai dû abandonner, mais j'ai regretté.

Il vous faut donc des plantes robustes qui ne demandent pas beaucoup de temps.

- C'est mon problème effectivement. Mais j'ai semé une fois des pois de senteur dans un pot sur la fenêtre de la cuisine. Ils avaient merveilleusement réussi. Et tous les ans, quand j'arrive en Aveyron, j'achète au marché quelques pieds de basilic. J'ai aussi des géraniums mais je n'aime pas la fleur.

Alors pourquoi des géraniums ?

- C'est l'odeur qui me plaît. En plein soleil, quand il fait très chaud, le parfum a beaucoup de force. Et puis ma grand-mère en avait, qu'elle posait sur les marches de l'escalier. Un voisin qui était professeur de dessin a fait une aquarelle de la maison avec les géraniums. Je l'ai toujours.

Si vous aviez le temps, que planteriez-vous sur votre balcon ?

- Des plantes qui sentent bon. Des fleurs un peu grandes, légères, comme un bouquet épanoui : des gypsophiles, du lin, des pavots, des plantes impressionnistes qui rappellent la nature.

Une solution à tous les problèmes

Pour Josée Morel, paysagiste, toutes les contraintes des jardins de ville trouvent une solution. De quoi redonner de l'espoir à ceux qui pensent ne rien pouvoir faire pousser sur leur balcon ou leur terrasse…

Quelle part faites-vous, lorsqu'on vous demande de créer une terrasse, entre votre propre goût et celui du propriétaire ?

– L'idéal est de créer un jardin qui corresponde à la personnalité de celui qui va y vivre. Il faut savoir suggérer sans imposer, saisir les goûts du propriétaire, faire affleurer des tendances, des images. Et adapter ce qu'il recherche aux contraintes de la réalité.

Quelles sont les contraintes majeures ?

– Presque toujours le vent et l'orientation. Il faut savoir tamiser le vent sans l'empêcher de passer pour qu'il ne crée pas de turbulences à l'intérieur de la terrasse. Les claustras en bois, les lattes de pin (moins coûteuses que celles en châtaignier) font de beaux pare-vent contre lesquels on palisse ou on fait grimper le jasmin d'hiver, les lierres, le houblon, des conifères ou des bambous – le bambou à chaumes noires notamment – bien qu'il soit un peu plus fragile. Je ne conseille pas le thuya, le pyracantha ou le bouleau, souvent malades depuis quelque temps. C'est dommage pour le bouleau, très beau en bac. La glycine est à conseiller, elle ne fleurit qu'au bout de quatre, cinq ans après la plantation, mais elle garde ses feuilles très longtemps.

Pour l'orientation, c'est souvent le nord qui inquiète les détenteurs de terrasse. Sans raison, les plantes d'ombre sont des merveilles et il y en a beaucoup : les ancolies et les cœurs-de-Marie ont un très grand charme ; mais aussi l'alchémille, dont les feuilles rondes retiennent la moindre goutte d'eau et qui fleurit jaune tilleul ; les grandes euphorbes aux inflorescences couleur absinthe et les campanules ; les pervenches, le *Brunnera* sont de très jolis couvre-sols. Le *Camellia sasanqua* est vraiment beau (tellement plus léger que les autres), et l'*Hydrangea quercifolia*, dont les feuilles virent au rouge à l'automne, est une plante exceptionnelle. Sans parler des plantes à feuilles décoratives, comme les hostas à l'infinie variété de verts, les helxines, qui se prêtent à toutes sortes de forme, et le buis qui se taille si bien.

Vous semblez aimer les jardins verts.

– C'est vrai, ce sont ceux que je préfère, avec les jardins structurés. Dans la nature, les feuillages, les nuances de vert sont extrêmement variées et il est passionnant de capter ces nuances sur une terrasse. Si l'on aime comme moi les jardins structurés, il n'est pas nécessaire de dépenser beaucoup d'argent. On peut faire bien des choses avec un simple grillage de clôture en fer galvanisé : l'arrimer avec de bons piquets pour en faire un treillage de fond pratiquement invisible, lui donner la forme d'une boule autour de laquelle on fait pousser un petit lierre. On peut remplacer le lierre par l'helxine, pour des formes plus basses, bien sûr. Enroulé en forme de colonne, ce grillage est un support parfait pour toutes sortes de grimpantes. On peut aussi très facilement le couper et lui donner comme treillage toutes les formes qu'on veut : arquée, ondulée…

Et sur le balcon d'une simple fenêtre ?

– La fenêtre est l'espace idéal pour se livrer à sa fantaisie. Il n'y a pas les contraintes d'une terrasse où si on fait des erreurs, les conséquences sont plus lourdes. Créer un décor à sa fenêtre est totalement ludique. Il faut tout essayer, varier, et surtout ne pas avoir peur de se tromper. Rien de tel pour apprendre vraiment quelque chose.

SAVOIR PLANTER, SAVOIR SEMER

Planter

Cette opération demande un peu de soins mais n'est pas difficile. Prenez la précaution de planter sans attendre après l'achat.

• Assurez-vous tout d'abord que vos conteneurs ont des trous de drainage et faites-les s'ils n'en ont pas, ce qui est rare.

• Faites tremper 5 minutes les plants importants pour humidifier la motte (les petits plants en godets n'ont pas besoin d'être humidifiés). Ou pralinez-les quand ils sont à racines nues. « Praliner » une plante consiste à tremper ses racines dans un seau d'eau mélangée de « pralin » en poudre, bouillie qu'on achète en petits sacs de poudre et qui protège bien les racines et assure une meilleure reprise.

• Épandez au fond des conteneurs une couche de billes d'argile sur une épaisseur de 3 à 5 centimètres pour les plus grands et recouvrez-la d'un feutre horticole pour empêcher la terre de s'écouler et de boucher le drainage.

• Remplissez un peu de terre et tapissez les parois.

• Installez la plante dégagée du pot de plastique, racines à l'aise si elle est à racines nues, après avoir coupé celles qui sont abîmées ou trop longues.

• Recouvrez de terre en tassant légèrement autour des racines et en laissant 2 à 5 centimètres de vide selon la taille des conteneurs entre la terre et le rebord.

• Arrosez pour chasser les poches d'air et fixer la plante. Remettez un peu de terre.

• Coupez les quelques fleurs des vivaces et des annuelles si elles en ont déjà pour aider la reprise.

• Ne serrez pas trop les plants pour qu'ils ne se gênent pas dans leur développement et plantez-les en quinconce, ce sera plus naturel.

Arbustes et rosiers

Au moment d'acheter un arbuste ou un rosier :

• s'il est à racines nues, demandez au pépiniériste de le toiletter. Sinon, rafraîchissez-le en coupant légèrement toutes les racines. Éliminez ensuite les parties des racines tordues ou abîmées et raccourcissez celles qui sont trop longues par rapport au pot. Raccourcissez d'un tiers les branches principales. Puis plongez les racines de l'arbuste un quart d'heure dans un seau d'eau avec du « pralin ».

Le sens des réalités

Laurence Fournier, directrice de la jardinerie parisienne le Jardin de Victoria, est une professionnelle du marché des plantes en pots.

Quelles leçons tirez-vous de votre expérience ?

- J'ai d'abord perdu quelques illusions : les particuliers n'achètent plus qu'en motte. C'est un peu le même réflexe que pour la cuisine : on préfère acheter les plats précuisinés qu'il n'y a plus qu'à réchauffer. Et puis les gens croient qu'une plante élevée en pot vivra mieux sur un balcon. C'est une erreur. Une plante élevée en pleine terre est en bien meilleure santé.

J'ai essayé de promouvoir les arbustes à feuilles caduques, qui ont une si belle structure en hiver et qui repartent toujours bien au printemps (même si le gel a abîmé quelques branches), mais la clientèle privée préfère les arbustes persistants pour avoir du feuillage toute l'année. Il faut dire aussi qu'ils n'aiment pas beaucoup ramasser les feuilles… Pourtant les persistants sont plus fragiles au froid, sauf les conifères, bien sûr.

Que faut-il faire pour bien planter sur son balcon ?

- Il faut toujours revenir sur les conseils de base, qui relèvent tout simplement du bon sens. D'abord, choisir un conteneur en proportion avec la plante que vous achetez. Ensuite bien faire le drainage de fond : il empêche le pourrissement des racines et constitue une première protection du pot contre le gel. Une couche de billes d'argile au fond du pot, c'est très bien. Ne pas oublier la feutrine de jardinier, qui isole le terreau du drainage et lui garde son efficacité.

Enfin, ne pas faire d'économies sur la qualité du terreau. Un terreau très bon marché est suspect : il n'aura vraisemblablement pas été désinfecté et vous avez toutes les chances d'avoir des plantes malades. Il sera aussi moins riche. Un bon terreau enrichi correctement est un gage de santé.

Les engrais sont-ils indispensables ?

- Sur un balcon, absolument. On s'imagine que la terre dans un pot, c'est comme la terre dans un jardin. C'est irréaliste. Les plantes épuiseront vite les valeurs nutritives du peu de terre qu'il y a dans un pot. Outre le fait qu'il faut périodiquement rempoter, il faut nourrir la plante. À bon escient : jamais à la plantation ou au rempotage. Il faut attendre que les plantes aient bien repris. Et jamais en décembre-janvier, mais régulièrement en période de végétation.

Quelles sont pour vous les meilleures plantes de balcon ?

- Il y a très peu de plantes à problèmes. En fait, avec les arbustes à feuilles caduques, toutes les plantes à massif d'ornement, petites et moyennes, sont indiquées. Il faut quand même savoir qu'en pots les plantes n'auront pas le même développement qu'en terre.

Vous êtez donc pour les annuelles.

- Bien sûr, avec un changement de décor deux fois par an. Les vivaces, c'est ridicule, il faut de la place pour pouvoir étager les floraisons.

Y a-t-il des plantes qui résistent à la sécheresse ?

- Aucune. Imaginez-vous enfermée trois semaines sans eau sur une terrasse ! Si l'on abandonne son balcon, il vaut mieux prévoir un arrosage automatique. Ça marche bien et c'est beaucoup moins cher que tout un jardin à refaire parce que les plantes sont mortes de soif.

• s'il est en conteneur, demandez au pépiniériste de vous montrer la motte. Si les racines forment un tissu dense à l'extérieur de la motte (un « chignon »), refusez l'arbuste : il aura trop attendu dans son pot. Si la motte est belle, dégagez la plante chez vous, juste avant de planter, en coupant le plastique du pot pour ne pas endommager la motte.

• Les arbustes et les rosiers demandent une terre riche. Il faut à la plantation intercaler une couche de compost assez profondément entre deux couches de terre. Les racines de ces plantes viendront y puiser les matières nutritives quand elles l'auront atteinte.

Rempoter

Le rempotage (la transplantation des plantes dans une terre nouvelle et éventuellement dans un plus grand pot) est nécessaire :

• pour les bulbes les plus gourmands, tous les ans après la floraison. Espacez les rempotages pour les autres bulbes qui se naturalisent.

• pour les herbacées vivaces, tous les deux ans en général, en fin de floraison, au printemps ou à l'automne.

• pour les arbustes, rosiers et conifères, tous les trois-quatre ans à l'automne.

Semer

Sur un jardin de balcon, le semis en place ne demande pas de matériel et de stockage. C'est celui que nous conseillons pour sa simplicité. Les sachets de grainetiers indiquent la date des semis, leur profondeur et leur densité.

• Prenez la précaution de semer dans un terreau « spécial semis », que vous épandrez sur la terre de votre conteneur sur 1 ou 2 cm d'épaisseur. Ce terreau très léger favorise la levée. Tassez à peine et arrosez légèrement à la pomme d'arrosoir très régulièrement (le terreau doit toujours rester un peu humide).

• Éclaircissez (enlevez les plantes en surnombre) aux distances indiquées sur le sachet quand la plante a quelques feuilles, et arrosez tout de suite après pour affermir la terre autour des plantes que vous avez gardées.

Page 37 - *La masse bleue des myosotis compense le port un peu raide des tulipes.*

Des plantes faciles pour chaque saison

Élisabeth Cadot travaille chez Delbard, au cœur du marché des plantes à Paris.

Quelles sont les plantes que l'on vous demande le plus ?

- Tout d'abord les plantes qui permettent de s'isoler. Je conseille des arbustes qui ne fleurissent pas tous en même temps : l'oranger du Mexique, une plante odorante qui fleurit en mai, le laurier-tin, très robuste pour une floraison d'hiver, les camélias et les azalées japonaises, d'autant plus rustiques qu'on protège le col et le pot avec un voile d'hivernage, les bambous qui se stabilisent le plus souvent à 2 m. Sans oublier les lavandes, très robustes et tellement parfumées.

La deuxième demande vient au printemps, quand tout le monde veut avoir un balcon fleuri. Comme les gens prévoient rarement de planter les bulbes en automne, j'indique tous les petits bulbes en potée prêts à fleurir (les crocus, narcisses et tulipes, les mini-cyclamens), les dernières roses de Noël, les pensées qui fleurissent si longtemps (on peut les acheter dès l'automne) et les primevères. Enfin, comme plante persistante, la bruyère d'hiver.

Un peu plus tard, les impatientes, les pétunias, les pélargoniums et les bégonias font le gros de la demande avec quelques grimpantes comme le chèvrefeuille, le lierre et la vigne vierge. Mais pourquoi pas la glycine qui marche bien en bac si on la taille. Les cobées et les clématites ne posent pas de problèmes non plus.

Quelles sont celles qui marchent toujours ?

- Les pélargoniums, bégonias, pétunias et impatientes évidemment. Mais j'ajouterai les lantanas, qu'on ne connaît pas encore beaucoup, une belle plante buissonnante et vigoureuse qui fleurit de juin à octobre. Comme vivaces herbacées ou arbustives, j'indiquerai d'abord l'anthémis, une jolie plante méditerranéenne qui vit très bien en pots au nord de la Loire. Il y a aussi les coréopsis et les gaillardes… et beaucoup de vivaces tapissantes, puis les bruyères et les lavandes que j'ai déjà citées. J'ai aussi envie de dire l'abutilon, une relative nouveauté qui est beaucoup plus rustique qu'on ne croit. Mais il y a encore les semis qui marchent vite et bien avec quelques belles grimpantes, comme le pois de senteur, le haricot d'Espagne et la capucine, aussi jolie en potée basse qu'en grimpante. Le souci et l'œillet d'Inde sont faciles aussi.

Pouvez-vous citer des plantes qui résistent à la sécheresse ?

- Dans l'absolu, aucune, mais la grosseur du pot joue un rôle important. On peut citer les lavandes, les aromatiques à feuillage gris-vert comme le thym, la sauge et le romarin, les pélargoniums et les œillets d'Inde.

Des vivaces toute l'année

P.-E. Schmitt travaille au Bon Jardinier à Paris. Sur sa petite terrasse, il met en pratique son savoir avec près de 80 plantes dont la floraison s'échelonne à peu près toute l'année.

Quelles plantes conseillez-vous pour les quatre saisons ?
– Au printemps, des plantes qui ne craignent pas le froid : tous les petits bulbes et les arbustes à fleurs comme le forsythia, l'osmanthe, les azalées japonaises. Puis le *Geranium renardii*, les pervenches… En été, des plantes qui résistent assez bien à la sécheresse : toutes les plantes à feuilles charnues, comme le pourpier et le sedum. Mais aussi les pélargoniums odorants, la lavande, les aromatiques. Des fleurs rustiques comme les hémécoralles, les benoîtes, les coréopsis, les géraniums d'été dont le très beau 'Johnson's Blue', la verveine 'Cascade'. Le millepertuis arbustif, un arbuste très solide et florifère. Et toutes les grimpantes, comme le houblon du Japon qui vient très bien par semis et qui n'est pas assez connu, la cobée, l'ipomée, le chèvrefeuille, et la clématite 'Mme Le Coultre', très blanche. En automne, l'anthémis qui peut fleurir de juin à décembre et qui résiste au froid (on butte le pied et on la taille à 15 cm).Tous les asters, et le *Caryopteris* x *clandonensis* 'Heavenly Blue', un arbuste bleu qui prend le relais de la lavande. En hiver, l'hamamélis, un arbuste qui rougit dès l'automne, mais au grand développement. Des arbustes à fleurs comme le camélia, le laurier-tin, le jasmin d'hiver, et les arbustes à baies décoratives (houx, berbéris, cotonéaster) et le mahonia aux petits fruits bleus qu'on connaît mal, ou la symphorine aux baies blanches et qui demande peu de place.
J'aime les vivaces. Elles ont une plus grande diversité de couleurs, et avec elles, on vit au rythme des saisons.

Avez-vous eu des échecs ?
– Oui, naturellement, souvent dus à un problème d'eau ou de terre. J'ai créé un petit potager avec des condimentaires, des tomates. J'ai aussi voulu faire pousser des pommes de terre. Dans un bac, c'est impossible, ça n'a rien donné. J'ai eu des problèmes avec le persil que j'avais installé en suspension. Il y a eu trop d'évaporation et il n'a pas tenu. La lavande n'a pas marché non plus. J'ai dû lui donner trop d'eau ou un terreau trop riche.

Et votre grande réussite ?
– Cette année, les tomates-cerises. Elles ont bénéficié de l'effet de serre d'un auvent sous lequel je les avais mises. J'en ai profité tout l'été. Les benoîtes aussi (c'est ma fleur préférée). Je les avais installées en masse dans un bac.

Le marché des plantes a beaucoup évolué depuis quelques années, Avez-vous fait des découvertes ?
– D'heureuses surprises d'abord : la passiflore et l'abutilon, s'ils sont abrités du vent, vivent très bien au nord de la Loire, tout comme le jasmin odorant. Les découvertes, j'en ai fait trois : le *Rhododendron impeditum* à petites feuilles et fleurs bleues, très léger sur une terrasse, le *Ceanothus impressus*, bleu aussi, magnifique quand on le palisse contre un mur, et une vigne d'ornement à faible développement radiculaire dans la variété *Vitis coignetiae*.

Quels conseils de base donneriez-vous pour l'installation d'un balcon ou d'une terrasse fleurie ?
– Il faut bien cerner ce qu'on veut obtenir et le temps qu'on peut y consacrer. Puis prendre un peu son temps pour chercher et poser des questions (on ne nous pose pas assez de questions, c'est dommage). Et quand on a fait son choix, bien connaître les besoins des plantes : leur développement radiculaire, qui conditionne la taille du conteneur, le type de terre, les soins, les engrais…

QUELQUES CONSEILS
pour composer un jardin de ville

Certains jardiniers, sous prétexte d'inexpérience, ont tendance à croire qu'ils doivent se conformer à certains critères esthétiques pour réussir leur jardin. Pourtant, un jardin n'est jamais aussi réussi que quand il reflète la personnalité de celui qui le crée. Suivez donc votre inspiration en vous reposant seulement sur quelques principes qui vous aideront à affirmer votre goût sans l'édulcorer. C'est ce qu'ont toujours fait les jardiniers de balcon que nous avons interrogés et que vous retrouvez dans ces pages.

Fleurs et feuilles

Les plantes à fleurs sont toujours mises en valeur si on les associe à des plantes à feuillage décoratif. Cette constatation vient en fait d'une simple observation de la nature, où tout fleurit sur le fond vert des arbres et des prés.
Le lierre, l'helxine, la vigne vierge, le houblon, les conifères, les buis et toutes les plantes grimpantes à feuillage foisonnant sont des auxiliaires privilégiés pour créer ces écrans de verdure contre lesquels les couleurs des fleurs annuelles et vivaces prendront toute leur force.
Palissées ou en association dans la même jardinière, les plantes à feuillage décoratif se prêtent à toutes sortes de compositions avec les plantes à fleurs.

Étagez les hauteurs

Créer plusieurs niveaux donne plus de naturel aux compositions et un effet d'abondance plus flatteur qu'une rangée régulière de pots alignés.
Les différentes tailles de pots qu'on peut grouper, les balustrades où s'accrochent les jardinières facilitent ces étagements. On peut aussi faire côtoyer dans un même et grand conteneur des plantes à haut développement avec des fleurs plus trapues ou tapissantes, associer des bulbes de différentes tailles, tapisser un bac de fleurs rampantes au pied d'un arbuste…

Camaïeu de verts

Un jardin vert est d'autant plus beau qu'on en varie les tonalités. Arbustes persistants, grimpantes, vivaces, toujours choisis pour leurs tons de vert bien précis et variés, se mettent

Une association inattendue et réussie : persil, pâquerettes et Viola.

Page 42 - *Un voisinage sans façon pour une porte très rustique : impatientes, lobélies, fuchsias, pélargoniums, pétunias et pensées.*

mutuellement en valeur. Un houblon doré rehaussera le vert foncé d'un lierre ou d'une vigne vierge. Le gris-vert de plantes arbustives méditerranéennes comme la lavande, le thym, la sauge, le romarin créeront un contraste intéressant avec le buis, l'helxine et les conifères. Les vivaces aux inflorescences tilleul, comme l'euphorbe ou l'alchémille, font de belles associations avec les fougères, les conifères, les arbustes aromatiques.

Des couleurs pour l'ombre

L'ombre rehausse les teintes des plantes à feuillage panaché et des fleurs aux couleurs froides (le blanc et le bleu). Un laurier-tin, un hydrangéa, un rosier blanc, un houx et un lierre panachés, les ancolies, les pervenches, les pensées et les primevères prennent tout leur caractère dans une situation ombragée et réveillent ces coins plus sombres trop souvent délaissés.

point de vue

Fleurir une fenêtre comme on peint une toile

Pour Valérie Cook, archéologue, les voyages ont été le point de départ de son amour des plantes.

Vous n'avez pas toujours eu des plantes à vos fenêtres, qu'est-ce qui vous a décidée ?

- Le fait de ne plus pouvoir aller régulièrement à la campagne m'a certainement motivée, mais ce sont mes séjours dans les îles grecques et à Chypre qui ont véritablement joué comme déclic. Je me rappelle avoir senti très fortement l'importance de la couleur en visitant à Patmos un monastère construit sur le roc, minimal et blanc. Le dépouillement total, jusqu'à l'arrivée dans une cour intérieure éclatante de couleurs. C'était le potager où les moines avaient aussi planté des bougainvillées, des lauriers-roses et d'énormes dahlias. Mon appartement est assez austère. À mon retour à Paris, j'ai immédiatement planté des fleurs aux fenêtres pour vivre aussi avec la couleur.

Quelles couleurs ?

- C'est très variable. En fait c'est un jeu. J'ai toujours un fond de verts, avec un laurier, du lierre, des fusains, et je change les plantes à fleurs deux fois par an dès que la floraison est terminée. C'est un peu brutal, mais je n'ai pas d'état d'âme. Sauf pour l'abutilon, que j'ai acheté en petite bouture avec deux clochettes et qui prospère à l'ombre, ou le pied d'asters bleus qui a triplé de volume et que je vais essayer de garder. Au fond, je me sers de mes fenêtres comme de cadres et je travaille avec les couleurs comme un peintre qui compose une toile : j'établis des niveaux différents, je réfléchis sur les associations de couleurs avec des plantes qui peuvent être très banales (impatientes, bégonias…) mais dont le coloris m'intéresse. C'est très ludique. Tout le monde peut le faire. Et je ne comprends pas aujourd'hui comment j'ai pu m'en passer si longtemps.

point de vue

La nature à profusion

Christian Pipart, antiquaire, a une solide réputation de jardinier. Il a appris, très jeune, à jardiner avec sa grand-mère.

Vous qui êtes presque un spécialiste, qu'avez-vous sur votre balcon ?

- Un peu de tout. Avec une constante : des grimpantes en association. Toujours du houblon, une plante très belle qui pousse vite, avec des capucines. Mais aussi une glycine : elle vient très bien si l'on s'en occupe un peu. Et puis je mélange beaucoup les plantes de hauteurs variées. J'installe en masse de la menthe, de la lavande, que j'associe avec des plantes basses : les échelles, les niveaux, c'est indispensable pour créer une harmonie. Mais pas avec des pots de tailles différentes ; toujours dans de grands bacs où poussent un mimosa, des azalées, du thym, des pélargoniums odorants qui se bouturent comme du chiendent, des bulbes, des violettes et toute autre plante tapissante, un pied d'absinthe qui a pris une fenêtre entière.

Quel est le plus difficile quand on s'occupe d'un jardin : la terre, l'arrosage… ?

- La terre ne pose pas de problème, et j'utilise pratiquement toujours le même mélange : de la terre végétale avec de la tourbe que j'enrichis de compost au printemps. C'est l'arrosage qui est compliqué. J'ai été jusqu'à faire un fichier d'arrosage plante par plante… Les cyclamens par exemple : ils aiment l'humidité mais pas un arrosage au cœur, plutôt par la soucoupe.

Avez-vous des plantes favorites ?

- Non, j'aime tout ce qui pousse, et j'ai d'ailleurs beaucoup de mal à me séparer d'une plante. Je ne jette rien. Les oiseaux m'apportent des graines de tournesol, des graminées que je laisse pousser, c'est d'ailleurs très utile pour la terre, et ça alimente mon fantasme de campagne.

Un jardin réussi est un jardin qui vous ressemble

Sur la terrasse d'Andrée Putman, architecte d'intérieur, on ressent une telle impression de naturel qu'on se croirait à la campagne. C'est pourtant clairement une terrasse, avec une longue jardinière de brique et du gravier. Cette impression est peut-être due aux grands lierres des deux hauts murs d'angle, qui donnent une parfaite protection et qui sont aujourd'hui le refuge des oiseaux.

Depuis combien de temps avez-vous aménagé cette terrasse ?

- Depuis plus de dix ans. Avec un mélange de plantes qui est un choix très personnel. Les associations qui n'expriment pas profondément une personnalité sont toujours ratées. Cela se vérifie dans tous les domaines, dans celui des jardins notamment : j'ai eu des bambous mais ce n'était pas mon idée. Bien entendu, cela n'a pas marché.

Dans ce jardin, vous avez joué sur les associations de vert.

- De vert et de blanc : avec des hostas, un pied d'acanthe, une vigne qui n'était pas plus grosse que le doigt quand je l'ai plantée mais qui recouvre aujourd'hui la clôture, et la glycine qui grimpe le long du lierre ; pour le blanc, des arbustes à fleurs, comme l'oranger du Mexique, des éléagnus, quelques anthémis et un rosier ancien. J'aime aussi les arbres avec de vrais troncs. Les lignes, les textures ont beaucoup de présence, comme ce poirier et ce néflier du Japon, qui a de belles feuilles oblongues bien nervurées. J'avais un olivier mais les hivers très rudes des années 80 l'ont tué. J'ai aussi une prédilection pour les plantes modestes qu'on ne choisit par pour leur beauté mais pour leur qualité. Ce sont souvent de plantes de terre aride, qui ont élaboré tout un système végétal pour vivre, très perceptible dans les structures de la plante, les tonalités du feuillage et le parfum singulier, l'essence. Ainsi en est-il du romarin, de la sauge, du thym et du serpolet, plantés ici côte à côte et dont j'adore le mélange.

Et les lavandes ?

- La note bleue du jardin, mais bleu intense. Encore une plante du Midi dont j'aime la végétation.

En jouant sur les hauteurs, et avec une jolie terre cuite, on réussit un jardin vert dans un très petit espace.

La sauge est toujours décorative, et en particulier Salvia tricolor, *une variété panachée.*

Trop de couleurs tue la couleur

Des teintes trop contrastées, des associations de couleurs chaudes, comme le jaune, le rouge et l'orange, brouillent la vue. Sans chercher à se confiner dans des unités de ton, il est tout de même nécessaire de rythmer avec un peu de blanc ou de bleu les fleurs vives, et de ne pas trop charger un balcon de couleurs brillantes en interposant le vert de plantes à feuillage décoratif. Le lierre, là encore, est utile, mais aussi le buis en petites haies, l'helxine et toutes les plantes à feuillage gris-vert.

Jardin de senteurs

Le parfum participe étroitement à la beauté d'un jardin. Son pouvoir surpasse souvent celui de la couleur par sa force d'évocation. Froisser une feuille de pélargonium odorant, un bouquet de menthe, de thym ou une feuille de cassissier, passer la main sur une lavande, révèlent l'essence secrète de ces plantes. Et une potée de tabac blanc, un mimosa, un rosier ou un chèvrefeuille dans l'encadrement d'une fenêtre font vivre le jardin jusque dans la maison. Ils établissent une présence diffuse incomparable.
Vous trouverez la liste des plantes odorantes et aromatiques dans les index en fin de volume.

Un jardin, c'est la vie

Chez Yaguel Didier, parapsychologue, et Patrick de Bourgues, éditeur, le balcon est couvert de pots au point qu'on peut à peine y mettre le pied.

Comment cette passion du jardinage vous est-elle venue ?
Patrick de Bourgues : Tout a commencé avec un hibiscus (de serre) qu'on m'avait donné, et qui était très beau. J'en ai racheté un, puis deux, puis trois qui ont poussé jusqu'au plafond.
Quand j'ai déménagé pour cet appartement avec son balcon, le pli était pris : j'ai tout de suite planté deux camélias.

Cela peut faire peur quand on débute.
- Mais non, c'est un jeu, et puis des amis m'ont donné quelques conseils. Mais j'aime surtout les odeurs et le camélia n'a pas de parfum, alors je me suis tourné vers les rosiers et j'en ai maintenant une dizaine.

Connaissez-vous leurs noms ?
- Je n'en ai aucune idée. Ce qui m'intéresse, c'est la beauté de la fleur et son parfum. Pas son nom. Si un rosier me plaît, je l'adopte : j'en ai un, tout blanc, qu'une amie voulait jeter et que j'ai recueilli, d'autres sont des boutures qui viennent de la campagne. Et puis j'ai un lis blanc, parfumé, magnifique, que j'arrose beaucoup.
Le toucher aussi est important avec les plantes. Les orchidées par exemple : il faut glisser les doigts sur la tige pour sentir le renflement du bourgeon au-dessus duquel on taille. Et froisser les feuilles de la menthe, des cassissiers pour en recueillir le parfum, quel plaisir. L'esthétique n'est pas primordiale. Ce qui est important c'est de sentir les saisons avec les plantes vivaces, la vie autour des plantes. Sur ce balcon, je vois des abeilles, des coccinelles, des oiseaux. Cette année, il y a même eu un pigeon-ramier qui est venu nicher dans la glycine (au fait, si vous achetez une glycine, prenez-la déjà en fleur, sinon vous pouvez attendre quatre, cinq ans avant qu'elle ne fleurisse).

Et les arbustes qui sont à côté ?
- Ce sont des groseilliers. Un jour, je me suis amusé à faire un jardin rouge avec des groseilliers, des framboisiers, des fraisiers.
Sur la lancée, j'ai aussi planté un mûrier dont les branches pendent jusqu'à la fenêtre du voisin, des cassissiers, et des melons.

Des melons sur un balcon ?
- Il faut dire que ça a été un ratage complet. Mais c'est tellement agréable de manger les fruits qu'on a cultivés soi-même.
Yaguel Didier (qui vient d'entrer dans la pièce) :
- Agréable ! Ce sont les fruits les plus pollués de Paris !

Vous participez à ce jardin ?
- J'avais un jardin avant d'habiter cet appartement et j'aimais beaucoup le contact avec la terre, mais ici, je m'interdis d'envahir le domaine de mon mari.
Et puis je ne concevrais pas les choses de la même façon. J'aime les unités de ton, et lui les mélanges ; je suis pour une certaine rigueur, et lui, pour la profusion.

Une relation intime avec la ville et les plantes

Carole Fevre, scripte, vient de déménager. Son appartement est prolongé par une terrasse en plein midi, qu'elle a déjà commencé à planter.

- Une terrasse, c'est une vraie chance. J'essaie toujours d'habiter un appartement avec une terrasse, aussi petite soit-elle. C'est une ouverture sur la ville très particulière, un lieu de passage intime et cependant tourné vers l'extérieur.

Vous avez aussi créé un petit jardin intérieur qui fait le lien entre l'appartement et la terrasse. C'est encore un lieu de passage : vous aimez ces espaces intermédiaires.

- J'aime aménager ces espaces et vivre avec les plantes. Sur cette petite table près de la terrasse, il y a deux gardénias, et une glycine que j'ai semée il n'y a pas longtemps. Je suis curieuse de voir ce qu'elle va devenir. Je m'en occupe à l'instinct, mais d'une façon très affective. Les soins, les arrosages créent une forme d'échange, de reconnaissance mutuelle qui me manquent quand je ne suis pas chez moi. Je passe toujours par une phase de culpabilité quand je voyage. Et pourtant, je ne crois pas être pour grand chose dans cette profusion de vie. Les plantes ont une incroyable vitalité : j'ai ramené d'Italie une petite pousse aux feuilles violettes dont je ne connais pas le nom. Elle est restée trois jours dans le coffre de la voiture, ce qui ne l'a pas empêchée de repartir sur le balcon.

Qu'y a-t-il d'autre sur la terrasse ?

- Une clématite, quelques petits lierres qui retombent au-dessus de la balustrade, une lavande – j'aime le bleu. Comme j'aime aussi les plantes qui sentent bon, je vais installer des rosiers, peut-être 'Charles de Gaulle,' très parfumé et robuste, un chèvrefeuille et un jasmin odorant. J'espère qu'il poussera aussi bien que celui que j'avais dans un appartement précédent, avec une bougainvillée qui fleurissait jusqu'en décembre et un palmier.

Vous semblez préférer les plantes méditerranéennes ?

- Celles qui me rappellent l'Italie. Je voudrais recréer sur ma terrasse ces balcons italiens couverts de plantes odorantes, dans une multitude de jolis pots de terre cuite.

Ce jardin monochrome est vivant grâce à la variété des blancs et des verts : pélargoniums, lierre et Senecio *argenté.*

PETIT VOCABULAIRE DES PLANTES

Certains termes reviennent souvent tout au long de ce guide. Il n'est peut-être pas inutile d'en rappeler le sens.

Annuelle
Plante dont le cycle végétatif ne dépasse pas un an sous nos climats.

Bisannuelle
Plante dont le cycle végétatif est à cheval sur deux années.

Bulbeuse
Plante dont les réserves nutritives sont contenues dans un organe qui a généralement la forme d'un oignon. (On l'appelle couramment « bulbe »)

Butter
Faire une petite butte de terre au pied d'une plante pour la protéger du froid ou favoriser son enracinement.

Caduc
Se dit d'un feuillage qui tombe à l'entrée de l'hiver sous l'action du froid.

Compost
Fertilisant composé d'éléments minéraux et de matières organiques décomposées.

Drageon
Racine souterraine qui produit une nouvelle pousse à quelque distance de la plante.

Grimpante
Plante qui se développe en hauteur et qui peut atteindre plusieurs mètres.

Herbacée
Plante dont les tiges sont souples, vertes et ne comportent pas de bois.

Multiplication
Toute méthode qui permet de créer de nouveaux plants à partir de la plante initiale.

Pailler
Recouvrir la surface des conteneurs de matières diverses qui protègent la plante du froid et de la chaleur, ou la nourrissent.

Palisser
Fixer les branches d'une plante à une paroi verticale.

Persistant
Se dit d'un feuillage qui demeure apparemment toute l'année. En fait, les feuilles se renouvellent, mais pas toutes en même temps, ce qui donne à la plante un aspect vert permanent.

Pincer
Supprimer la partie supérieure d'une tige jeune pour l'aider à s'étoffer.

Praliner
Tremper les racines nues d'une plante dans un seau d'eau mélangée de « pralin », bouillie vendue en petits sacs de poudre, pour protéger les racines et assurer une meilleure reprise.

Rabattre
Tailler plus ou moins court toute une plante ou quelques branches pour susciter de nouvelles pousses.

Remonter
Une plante « remonte » quand sa floraison se renouvelle plusieurs fois dans l'année.

Reprendre, reprise
Se dit d'une plante qui, après la transplantation, a bien développé ses racines et manifeste sa vigueur.

Rustique
Plante qui n'est pas tuée par le froid.

Semi-rustique
Plante qui ne résiste pas au froid au-dessous de quelques degrés sous zéro.

Stolon
Tige issue de la plante, rampante et très mince, qui s'enracine au sol et produit une nouvelle pousse. Il faut généralement supprimer les stolons pour ne pas fatiguer la plante-mère.

Surfacer
Retirer quelques centimètres de terre de la surface du conteneur pour les remplacer par un mélange nutritif composé de terreau et de compost.

Toiletter
Au moment de la plantation, raccourcir d'un tiers les branches d'une plante, supprimer les parties tordues ou abîmées des racines et raccourcir légèrement les autres.

Vivace
Plante qui ne meurt pas au bout d'une saison comme les annuelles, mais vit de nombreuses années sous nos climats.

Yeux
Bourgeons qui n'ont pas encore éclos et qui sont placés le long des tiges d'une plante ou à l'aisselle des feuilles

Deuxième partie

LES PLANTES de A à Z

Les plantes sont classées par ordre alphabétique de nom botanique. Chacune fait l'objet d'une fiche détaillée : photographie, caractéristiques essentielles, qualités et variétés recommandées, conseils de plantation et d'entretien.

MODE D'EMPLOI

Toutes les plantes détaillées dans la deuxième partie de ce guide sont illustrées d'une photographie sous laquelle s'inscrit sa « carte d'identité », qui précise brièvement sa nature et les conditions idéales de son plein développement. Ces caractéristiques essentielles se retrouvent pour chacune d'elles et dans le même ordre. Ce sont :

Crocus
Crocus

Bulbe	**Le genre de la plante** (bulbe, vivace, annuelle, bisannuelle, arbuste ou grimpante)
Rustique	**La résistance au froid**
Bleu lilas ou intense, jaune, blanc	**La (ou les) couleur(s)** de ses fleurs
Février-mars ou septembre-octobre	**La période de floraison**
Soleil	**L'exposition** qui lui convient le mieux
Terre bien drainée	**Le type de terre**
Floraison éclatante en hiver, bleus magnifiques en automne	**Sa qualité dominante.**

Chaque fiche contient également une description de la plante, avec ses qualités et les variétés recommandées, ainsi que les conseils de plantation et d'entretien.

Parce que la classification botanique est la seule admise par tous, les plantes sont classées par ordre alphabétique de nom latin. Leur appellation courante est indiquée juste en-dessous, et dans l'index général en fin de volume.

Abutilon megapotamicum 'Feuerglocke'

Arbuste

Semi-rustique

Caduc

Blanc, jaune, orange, bleu lavande

Mai à octobre

Soleil ou mi-ombre

Terreau universel

Une jolie inconnue à découvrir

Abutilon
Abutilon

Réservé aux climats doux, l'abutilon n'est pas encore une plante familière des jardins. Sa faible rusticité explique peut-être ce manque de popularité. Le feuillage vert clair, large et dentelé de cet arbuste au port léger et les fleurs en clochettes pendantes aux tons subtils sont pourtant très séduisants.

Si votre balcon ou votre petite terrasse bénéficie d'un microclimat abrité, essayez cette jolie plante arbustive, même au nord de la Loire, en choisissant *Abutilon vitifolium* (2 m en climat doux) qui résiste bien aux hivers pas trop rudes et prospère dans le Sud et l'Ouest. Il est bleu lavande ou blanc, aux fleurs bien ouvertes avec 'Album' et fleurit tout l'été. *Abutilon megapotamicum* demande une chaleur plus constante et n'est pas à conseiller au nord de la Loire. Il monte à plus de 1 m en pot, fleurit jaune et rouge de mai à octobre. 'Variegatum' a des feuilles piquées de jaune.

Orientation
Soleil ou mi-ombre en situation protégée du vent.

Terre
Terreau universel.

Plantation
En mai dans de bons pots. Soigner le drainage de fond.

Arrosages
Copieux en saison, juste de façon à garder son humidité à la terre hors saison.

Soins
Donner un engrais liquide « coup de fouet » tous les 15 jours de mai à septembre et faire un surfaçage de compost et de tourbe en automne. Pailler le pied à l'approche de l'hiver.

Taille
Au début du printemps, couper les tiges mortes et, si l'arbuste a été très abîmé par le froid, tailler presque à ras. Tailler légèrement les tiges les plus longues en saison pour obliger l'abutilon à se ramifier.

Page 54 - *L'encadrement vert de la vigne vierge permet toutes les associations sur une simple fenêtre : ici, lobélies violets, géraniums roses et pétunias blancs.*

Acacia
Mimosa

Le mimosa, c'est tout le Midi qui surgit en fleurs en plein hiver. Un arbuste incontournable sur la Côte d'Azur mais que les jardiniers de balcon peuvent essayer d'acclimater en ville s'ils l'installent dans un grand bac, au soleil, et en situation bien abritée. Choisissez *Acacia retinodes,* dont la floraison, abondante l'été, s'échelonne toute l'année. Il est plus rustique que *Acacia dealbata*, qui fleurit entre décembre et mars.

Arbuste

Rustique en climat doux

Persistant

Parfumé

Jaune vif

Décembre à mars ou périodiquement toute l'année

Terre à rosiers

Soleil

Couleur éclatante et parfum caractéristique

Orientation
Au soleil et bien abritée.

Terre
Terre à rosiers avec une couche de compost au fond.

Plantation
En automne dans un grand bac. Soigner le drainage de fond.

Arrosages
Très réguliers au printemps et en été.

Soins
Surfacer de compost, tourbe et poudre de roche en automne. Donner un engrais liquide « coup de fouet » tous les 15 jours en pleine végétation.

Multiplication
S'il se plaît dans son bac, le mimosa peut drageonner (une nouvelle pousse naît sur un œil situé sous terre sur une racine). Il faut supprimer ces nouvelles pousses, à la racine, pour ne pas gêner et fatiguer le pied mère. Mais si on veut multiplier l'arbuste, les drageons sont très pratiques : mettre une racine drageonnante à nu et couper la nouvelle tige avec son bout de racine pour une nouvelle potée.

Taille
Couper les rameaux gênants après la floraison

Acanthus

Acanthe

Cette plante méditerranéenne forme à elle seule un décor (elle peut dépasser 1 m). Il faut aimer les jardins de feuillages et avoir de la place sur son balcon pour installer cette plante majestueuse, aux grandes feuilles découpées si caractéristiques, célèbre depuis plus de deux mille ans.

Choisissez un grand pot profond pour y planter un pied d'*Acanthus mollis* aux larges feuilles lobées, brillantes, sans épines, qui fleurira dès juin en grands épis floraux blancs veinés de pourpre. On peut aussi choisir *Acanthus longifolius* (ou *hungaricus*) à feuilles plus étroites et découpées, toujours sans épines, à la floraison lilacée dès juin.

Toutes deux résistent au froid et n'aiment pas être dérangées une fois qu'elles se sont installées au soleil et au chaud.

Vivace
Rustique
Persistante en climat doux
Blanc, rose-lilas
Juin à septembre
Soleil
Terreau universel
Feuillage somptueux

Orientation

Soleil en situation chaude et abritée.

Terre

Terreau universel.

Plantation

En mars ou au début de l'automne, en veillant au drainage de fond.

Arrosages

Réguliers en saison, mais toujours modérés.

Soins

Couper au ras du sol les hampes florales après la floraison. Donner un engrais lent après la floraison. Surfacer de compost et de tourbe au printemps.

Ajuga
Bugle

Ajuga reptans et tulipes botaniques

Vivace

Rustique

Persistant

Bleu et parfois rose ou blanc

Mai à juillet

Ombre et mi-ombre

Terreau universel

Petite persistante au joli feuillage

Le bugle, du haut de ses 20-30 cm, a bien des qualités. Il forme rapidement un joli tapis persistant de feuilles vertes, pourpres ou panachées, toujours à l'ombre qu'il affectionne, et fleurit (le plus souvent bleu) à temps pour étoffer les bulbes de fin de printemps et d'été ou égayer le pied des arbustes à fleurs dans leur bac.

Suivant son goût pour la couleur du feuillage, on peut choisir *Ajuga reptans* aux feuilles vertes, ou 'Atropurpurea' au feuillage pourpre, 'Burgundy Glow' à feuilles roses et pourpres margées de crème, 'Variegata' à feuilles panachées vert doux et crème.

Pour des formes un peu plus grandes, prendre 'Catlins Giant' (fleurs plus grosses), 'Silver Shadow' (feuillage vert clair) et 'Jungle Beauty' (grandes feuilles brillantes).

Orientation
Ombre de préférence et mi-ombre.

Terre
Terreau universel.

Plantation
Au printemps ou à l'automne.

Arrosages
Réguliers en saison.

Soins
Surfacer au printemps d'un mélange de compost, de tourbe et d'engrais lent.

Multiplication
Par division des touffes après floraison.

Alchemilla
Alchémille

Alchemilla (au centre), *Phlomis* et *Salvia*

Vivace

Rustique

Vert tilleul

Juin-juillet

Toutes expositions

Terreau universel

Feuilles ravissantes, couleur subtile

C'est autant pour ses feuilles rondes, à fines découpes et légèrement duveteuses, que pour le camaïeu de verts de la plante au moment de la floraison, que l'alchémille envahit de plus en plus les jardins aujourd'hui.

Sur un balcon, on ne résiste pas au plaisir de l'asperger légèrement pour voir les feuilles retenir les gouttes d'eau jusqu'à ce qu'elles s'évaporent. Elle n'est pas vraiment persistante, mais son feuillage reste décoratif très longtemps, en fait jusqu'aux gelées. Elle est très gracieuse en plante basse dans un bac, en compagnie d'un arbuste ou d'un rosier, ou avec des fleurs plus vives, dans une jardinière, où elle adoucit les combinaisons de couleurs.

On peut aussi lui réserver un pot évasé, pas trop profond, d'où elle retombera généreusement. *Alchemilla erythropoda* est toute petite (15 cm) et forme un tapis bien dense. *Alchemilla mollis* (la plus courante) est plus ample et grande (50 cm).

Orientation

Toutes, avec une préférence pour la mi-ombre.

Terre

Terreau universel.

Plantation

Au début du printemps ou de l'automne. L'alchémille s'étend très vite ; un seul pied ou deux, dans un bon conteneur, suffisent pour coloniser l'espace.

Arrosages

Réguliers en cours de végétation.

Soins

Surfacer au printemps avec un mélange de compost, de tourbe et d'engrais lent. Couper à ras les tiges fanées pour laisser tout son charme au feuillage.

Multiplication

Par division des touffes en automne ou au début du printemps. Mais l'alchémille se ressème souvent d'elle-même, vous le vérifierez sur votre balcon.

Alyssum
Alysse

Rustique, généreux, l'alysse, tant sous sa forme vivace que sous sa forme annuelle, est une nécessité sur le balcon si l'on recherche une floraison tapissante sans problème. Il faut l'installer un peu en hauteur, pour lui permettre de bien retomber, ou lui laisser assez de place pour le laisser courir au sol. L'alysse vivace, au coloris très vif, peut pâtir de rapprochements trop colorés, mais il sera particulièrement à sa place dans un jardin vert ou sec.

Alyssum saxatile (ou corbeille d'or) est vivace, persistant, et fleurit jaune vif d'avril à juin ; 'Citrinum' est plus acidulé, 'Variegatum' a des feuilles panachées de jaune. Il résiste bien à la sécheresse. *Alyssum maritimum* (ou *Lobularia maritima* ou alysse odorant) est annuel, parfumé, et pousse très rapidement en blanc, mauve ou pourpre, de juin à septembre. Blanc sur fond de feuilles gris-vert, il est léger et très joli.

Alyssum saxatile

Vivace et annuelle

Rustique

Persistante (vivaces)

Jaune, blanc, mauve, pourpre

Avril à juin (vivaces), juin à septembre (annuelles)

Soleil

Terreau universel

Une cascade de fleurs au printemps

Orientation Soleil.

Terre Terreau universel.

Plantation Au début de l'automne ou du printemps pour les vivaces, par semis à partir d'avril pour les annuels.

Arrosages Modérés.

Soins Couper les fleurs fanées des annuels. Pour les vivaces, faire un surfaçage de compost, de tourbe et d'engrais lent au printemps et donner aux annuels un engrais « coup de fouet » tous les 15 jours pendant la pleine végétation.

Taille Rabattre nettement les vivaces après la floraison pour étoffer la plante.

Multiplication Par semis pour les annuels dès avril. Par semis successifs dans plusieurs potées jusqu'en juin pour les voir fleurir plus longtemps.

Alyssum maritimum 'Royal Carpet'

Ampelopsis ou *Parthenocissus* Vigne vierge

Impossible de faire 100 m dans un village ou en ville sans découvrir un mur envahi par cette grimpante prolifique, qui couvre en quelques années, lorsqu'elle pousse en pleine terre, toutes les surfaces sur lesquelles elle s'accroche. Mais attention, sur une terrasse ou un balcon, elle a besoin d'un grand pot pour prospérer : trop à l'étroit, elle meurt.

Ampelopsis tricuspidata, ou lierre japonais, est à grandes ou petites feuilles lobées et pointues. Elle s'accroche toute seule aux murs. Sur un balcon, choisissez la variété à petites feuilles, beaucoup plus légère, mais tout aussi couvrante. *Ampelopsis quinquefolia*, ou vigne vierge de Virginie, est très vigoureuse, à feuilles composées de cinq folioles distinctes et finement dentelées. Il faut l'aider à s'accrocher. À l'automne, elle se couvre de baies noires dont les merles raffolent. Toutes les deux montent vite sur leurs supports et prennent de splendides coloris roux en fin de saison.

Grimpante

Vivace

Toutes orientations

Terreau universel

Rusticité, beaux coloris d'automne

Orientation
Toutes.

Terre
Terreau universel.

Plantation
De préférence en automne et dans un grand pot. Pour l'aider à s'étoffer, tailler à 20 cm du sol les jeunes rameaux.

Arrosages
Réguliers.

Soins
En automne, surfacer de compost et de tourbe ; au printemps, adjoindre au surfaçage un peu de corne torréfiée.

Anemone blanda

Anemone
Anémone

Dans votre jardin de balcon, vous pouvez acclimater l'anémone en tant que bulbeuse pour une floraison printanière et presque tapissante ou en tant que vivace pour une floraison d'automne à fort développement.

Anemone blanda

Cette anémone est une miniature au feuillage dentelé et touffu, qui fleurit dès le mois de mai du haut de ses 15 cm, en blanc pour 'White Splendour', rose avec 'Pink Star', bleu foncé avec 'Anemone Atrocaerulea' ou rouge.

Elle disparaît pratiquement dans le courant de l'été, mais vous la retrouverez le printemps suivant, aussi légère et particulièrement bien à sa place au milieu de bulbes printaniers qu'elle adoucira de son beau feuillage.

Bulbeuse

Rustique

Blanc, bleu foncé, rose ou rouge

Avril-mai

Soleil ou mi-ombre

Terre bien drainée

Gracieuse plante tapissante

Orientation

Soleil pour les climats froids, mi-ombre pour les climats doux.

Terre

Bien drainée, 1/3 de volume de terreau universel, 1/3 de compost, 1/3 de perlite ou vermiculite.

Plantation

Dès octobre, planter les bulbes assez profondément pour les recouvrir de terre de deux fois leur hauteur et à 10 cm les uns des autres. Arroser légèrement.

Arrosages

Attendre le début de la végétation pour des arrosages réguliers et modérés. Réduire très nettement après la floraison.

Soins

Pailler les bulbes à l'arrivée de l'hiver. Épandre un peu d'engrais lent au début de la végétation.

Anemone japonica 'Honorine Jobert'

Vivace

Rustique

Blanc, rose, rouge

Mi-août à octobre

**Mi-ombre
et ombre lumineuse**

Terreau universel

**Floraison automnale,
élégante
et de longue durée**

Anemone japonica ou anémone du Japon

C'est en fin d'été que l'anémone du Japon se décide à fleurir par bouquets étoilés sur de longues tiges qui émergent d'une touffe étalée de belles feuilles découpées.

'Praecox' est la première, puis viennent 'Rubra Plena', double et rouge, et 'Honorine Jobert', toute blanche.

Orientation

La mi-ombre est idéale, mais l'ombre légère lui convient aussi.

Terre

Terreau universel.

Plantation

Dans un grand pot, installer le plant en mars-avril.

Arrosages

Réguliers en cours de végétation. Presque inexistants pendant la mauvaise saison.

Soins

Faire un apport d'engrais lent au printemps. Pailler de compost et de tourbe à l'automne.

Multiplication

Quand la plante sera à l'étroit dans son pot, par division de la touffe en automne.

Anthemis frutescens
Anthémis

Si vous n'avez la place que pour une potée sur votre balcon et si vous aimez les marguerites, il faut choisir cette anthémis. Tout à la fois légère et très présente, elle fleurit du printemps aux gelées en une multitude de petites « marguerites » à cœur jaune, bien dressées sur un feuillage découpé vert bleuté.

Cette plante très simple, particulièrement gracieuse en blanc, est toujours à sa place où qu'on l'installe : elle illumine les jardins verts, adoucit les jardins colorés, réveille les jardins secs. Et c'est en fait une des plantes favorites des jardiniers de balcon. Protégez-la bien en hiver et vous pourrez la conserver d'une année sur l'autre si l'hiver n'a pas été trop rude.

Vivace en climat doux

Rustique jusqu'à - 5 °C

Blanc, jaune, rose

Mai à novembre

Toutes expositions (soleil au nord de la Loire)

Terreau universel

Le charme de la simplicité

Orientation
Toutes expositions en climat doux, soleil au nord de la Loire.

Terre
Terreau universel.

Plantation
Au printemps dans un pot de taille moyenne, avec un bon drainage de fond.

Arrosages
Réguliers mais mesurés.

Soins
Au début du printemps, surfacer d'un mélange de compost et de tourbe et adjoindre un engrais lent. Supprimer les fleurs fanées, au ras de leur tige, et bien pailler le pot à l'approche de l'hiver.

Taille
Au printemps, rabattre la touffe d'un tiers de sa hauteur pour lui garder sa densité.

Artemisia schmidtiana 'Nana'

Vivace herbacée et arbustive

Rustique

Plus ou moins persistante

Parfumée

Feuillage argenté, parfois plus vert

Soleil

Terreau universel

Feuillage très décoratif

Artemisia
Armoise

L'armoise est une jolie plante touffue, solide, qu'on a plaisir à mettre sur son balcon, surtout pour son feuillage argenté ou vert, très doux.

En couvre-sol, *Artemisia schmidtiana* 'Nana' est une armoise naine et persistante. Pour des formes plus hautes, choisissez *Artemisia canescens* qui ne dépasse pas 50 cm. Pour de grands effets en pot, *Artemisia abrotanum* (50 cm à 1 m) est touffue et semi-persistante avec un feuillage vert doux, très divisé et duveteux, qui sent la citronnelle. *Artemisia absinthium* (50 cm à 1 m) a un feuillage très découpé et caduc. *Artemisia ludoviciana* est une armoise herbacée, très étoffée et peut atteindre 1 m. Ses feuilles sont allongées et presque blanches. On peut aussi planter *Artemisia vulgaris*, l'armoise officinale, tonique et antispasmodique. Au moment de la floraison, coupez les tiges sur 30 cm pour les faire sécher en bouquets suspendus. Dosez une cuillerée de plantes coupées par tasse et faire une décoction de 3 mn.

Orientation
Plein soleil.

Terre
Terreau universel.

Plantation
Au printemps pour les armoises arbustives, d'octobre à mars, hors gel, pour les herbacées, en soignant toujours le drainage de fond.

Arrosages
Modérés (les armoises ne détestent pas la sécheresse).

Soins
Couper les fleurs fanées. À l'automne, couper les armoises herbacées presque à ras. Au printemps, faire un surfaçage de compost, de tourbe et d'engrais lent.

Taille
Artemisia absinthium doit être rabattue assez près du sol au printemps. Les autres armoises arbustives ne demandent qu'une légère taille d'entretien pour donner à la touffe une forme harmonieuse.

Aster

Aster

Aster 'Comète'

Les asters font partie de ces vivaces simples et solides qui fleurissent longuement l'été et l'automne. Ils peuvent être tout petits ou très hauts, à fleurs uniques ou en bouquets. Les asters d'automne ont notre préférence : ils arrivent à un moment où le jardin s'éteint un peu et leurs fleurs en bouquets de petites marguerites à cœur jaune ont des coloris gais sans être violents.

Pour une jardinière (assez profonde), choisir des variétés basses qui fleurissent dès la fin août : *Aster dumosus* (30 à 60 cm), bleu comme 'Lady in Blue', blanc comme 'Snow Sprite', violet pâle comme 'Audrey', le plus haut, ou pourpre comme 'Jenny'. *Aster sedifolius* est aussi compact et fleurit bleu. *Aster ericoides* (70 cm) fleurit bleu clair ou rose pâle. Dans un grand pot, les asters comme *Aster novi-belgii* ou *novae-angliae* sont d'un bel effet mais il faut tuteurer leurs longues hampes. Si vous voulez essayer un aster d'été encore fleuri au début de l'automne, l'*Aster amellus* x *frikartii* 'Wunder von Stafa', violet pâle, est tout indiqué.

Vivace

Rustique

Blanc, bleu, violet, rose, pourpre

Juillet à novembre

Soleil ou mi-ombre

Terreau universel

Longue et robuste floraison

Orientation

Soleil ou mi-ombre (mais il fleurira moins).

Terre

Terreau universel.

Plantation

Au début du printemps. Soigner le drainage de fond pour protéger les asters de l'humidité stagnante, qu'ils n'aiment pas.

Arrosages

Bien réguliers en cours de végétation : la motte des asters sèche vite.

Soins

Surfacer au printemps d'un mélange de compost, de tourbe et d'engrais lent. Cette vivace vigoureuse épuise vite la terre : il faut la renouveler entièrement tous les deux ans au début du printemps.

Taille

En fin de floraison, tailler presque à ras toutes les tiges.

Multiplication

Profiter du renouvellement de la terre pour diviser les touffes, qui prennent vite de l'ampleur.

Aubrieta
Aubriète

Vivace

Rustique

Persistante

Rose lilas à pourpre

Mars à juin

Soleil

Terreau universel

Un tapis printanier couvert de fleurs

Il faut un peu de patience pour voir s'établir l'aubriète en un tapis débordant de son pot en belle retombée colorée. Aussi vaut-il mieux la planter généreusement au départ, quitte à créer par la suite de nouvelles potées quand elle aura envahi son espace. La précocité de sa floraison permet de faire une jolie association avec les bulbes de printemps et les *Phlox douglasii* et *subulata* ou de la mettre au pied d'un arbuste printanier.

Vous pouvez choisir *Aubrieta deltoidea,* à fleurs toutes petites ou un peu plus grandes, simples ou doubles, et feuillage uni ou panaché comme 'Aurea' ou 'Variegata', et les aubriètes hybrides à fleurs un peu plus grandes et dans les mêmes coloris.

Orientation
Soleil pas trop brûlant.

Terre
Terreau universel.

Plantation
Au tout début de l'automne ou du printemps, dans des conteneurs assez hauts pour permettre à la plante de bien retomber.

Arrosages
Réguliers pendant la pleine végétation.

Soins
Faire un apport de compost, de tourbe et d'engrais lent au printemps. Après la floraison, on peut tailler un peu pour garder son homogénéité à la plante.

Multiplication
Par division des touffes en automne.

Azalea

Azalée

Azalée japonaise

Arbuste

Rustique

Caduc ou persistant

Blanc, rose, orange, rouge, violet

Avril-mai

Soleil ou mi-ombre

Terre de bruyère

Une floraison spectaculaire

Ces arbustes sont en fait des rhododendrons, plus étalés et buissonnants, à fleurs beaucoup plus menues, donc plus légers. Les azalées japonaises, persistantes, viennent bien dans de grands pots ou bacs où elles prendront une forme plus large que haute (1 m) et fleuriront dès avril, intensément.

Elles seront d'autant plus jolies qu'on les adossera à un fond de verdure, qui mettra en valeur et adoucira leurs coloris souvent très vifs, comme ceux de 'Vuyk's Scarlet' ou 'Vuyk's Orange'. 'Esmeralda' est rose clair et 'Palestrina', blanche marquée de vert, au port plus érigé et particulièrement gracieux.

Orientation

Soleil non brûlant ou mi-ombre et à l'abri du vent.

Terre

Terre de bruyère avec 1/4 du volume de compost.

Plantation

En automne de préférence, dans un pot bien large. Ne choisissez pas une azalée trop petite car elle pousse lentement.

Arrosages

Si l'azalée est au soleil, arroser copieusement avec une eau sans calcaire pendant la belle saison. Réduire nettement ensuite.

Soins

Surfacer de compost, de tourbe et de poudre de roche en automne. Donner un engrais liquide « coup de fouet » tous les 15 jours en pleine végétation.

Taille

Après la floraison, pour supprimer les rameaux mal placés.

Arundinaria variegata

Graminée

Rustique

Persistant

Soleil (sauf exceptions)

Terreau universel

La légèreté même

Bambusa
Bambou

Phyllostachys, *Pleioblastus*, *Pseudosasa* ou *Arundinaria*, les bambous sont en vogue : on a découvert qu'ils pouvaient être très rustiques et servir à bien des usages. Multiformes, ils sont petits et buissonnants ou très hauts, à chaumes (tiges) claires ou noires, de feuillage vert, doré ou panaché. Ils peuvent servir d'écran à une fenêtre, tapisser une jardinière, ombrager des plantes qui redoutent le plein soleil ou servir de haie.

Les formes naines sont belles en jardinière sous l'aspect de haie libre ou taillée. Choisir *Pleioblastus pygmoeus* (20 à 40 cm), *Pleioblastus humilis* qu'on taille court chaque année, *Pleioblastus fortunei* 'Variegatus' (1 m) ou *Pleioblastus pumilus* (40 à 80 cm), vert ou panaché. Pour les formes hautes, *Bambusa glaucescens* vit bien en bac, *Phyllostachys nigra* a des chaumes noires décoratives, *Phyllostachys aurea* résiste à la sécheresse et au froid, *Pseudosasa japonica* se taille très bien en haie et supporte le froid et la mi-ombre, *Sinarundinaria nitida* vient bien à l'ombre.

Orientation

Soleil en général, à l'abri des vents froids.

Terre

Terreau universel.

Plantation

Dans un grand pot, au printemps ou à l'automne, quand la terre est assez chaude pour favoriser l'enracinement. Protéger les bambous sensibles au froid par un treillage coupe-vent. Soigner particulièrement le drainage de fond (les bambous n'aiment pas l'eau stagnante).

Arrosages

Réguliers pendant la belle saison pour ne pas laisser la terre sécher.

Soins

En automne, surfacer de compost, de tourbe et de poudre de roche en mélange. Faire un apport d'engrais lent en saison.

Taille

Couper à ras les chaumes mortes. Si le bambou trace (il émet de nouvelles pousses à partir des racines), prélever sur la racine les drageons.

Begonia
Bégonia

Un champion des balcons, parce qu'il n'a pas peur de l'ombre et qu'il fleurit sans faiblesse de fin juin aux premières gelées sur de belles feuilles souvent pourprées au revers. Pour sortir tout de même des sentiers battus de *Begonia semperflorens,* tout en s'assurant une floraison généreuse et simple, choisissez les bégonias tubéreux à petites fleurs, comme *Begonia sutherlandii*, orange à port retombant, ou *Begonia tuberhybrida*, un bégonia tubéreux à fleurs très doubles et tout aussi florifère.
C'est à l'ombre de plantes vertes persistantes comme le lierre ou les bambous que vos bégonias seront le plus jolis.

Bégonia annuel

Annuelle

Non rustique

Blanc, rose, orange, rouge

Juin à septembre

Mi-ombre et ombre

Terreau universel

Longue floraison, facilité de culture

Begonia semperflorens

Ces bégonias portent avec beaucoup de régularité de petites fleurs nombreuses sur un feuillage large et brillant, vert ou bronze.

On peut choisir 'Allegra', blanc à cœur jaune, 'Boule de Feu', rouge vif, 'Carmen' à feuilles bronze et fleurs roses.

Orientation
Ombre ou mi-ombre.

Terre
Terreau universel.

Plantation
En mai, installer les plants avec un espacement de 20 cm.

Arrosages
Assez fréquents pour garder une légère humidité à la terre.

Soins
Quand la reprise en pot est faite, donner régulièrement un engrais liquide « coup de fouet » avec les arrosages.

Bégonia tubéreux

Tubercule

Semi-rustique

Blanc, jaune, rose, orange et rouge

Juillet à novembre

Mi-ombre

Terre bien drainée

Coloris variés et somptueux

Begonia tuberhybrida ou bégonia tubéreux

Tout aussi florifère mais plus glorieux, ce bégonia présente des fleurs très doubles s'approchant du camélia, de l'œillet ou de la rose.

Begonia pendula s'épanouit dans une variété de couleurs impressionnante. Il a un port bien retombant. *Begonia multiflora* 'Non Stop' a la particularité de venir aussi bien au soleil qu'à la mi-ombre et tiendra très bien jusqu'aux gelées.

Orientation

Ombre et mi-ombre, *Multiflora* supporte aussi le soleil.

Terre

1/3 du volume de terreau universel, 1/3 de compost, 1/3 de perlite ou de vermiculite.

Plantation

En mai, espacer les plants de 20-30 cm.

Arrosages

Garder une bonne humidité à la terre.

Soins

Quand la reprise est faite, apporter régulièrement un engrais liquide avec un arrosage. Supprimer les fleurs fanées au fur et à mesure. Pour faire refleurir les mêmes bégonias tubéreux l'année suivante, arracher les tubercules en octobre, les faire sécher et les laisser au sec dans une caissette remplie de tourbe sèche au frais et à l'ombre, en compagnie des dahlias que l'on garde pour l'année suivante.

Bellis perennis
Pâquerette

Précieuses parce qu'elles annoncent le printemps, les pâquerettes forment une petite masse touffue, à fleurs en forme de pompons frais sur un feuilage vert doux. Très florifère, 'Pomponnette' s'épanouit au printemps et remonte jusqu'en octobre. 'Tapis' est à petites fleurs doubles, très précoce : en fait, sa floraison peut commencer dès l'automne, se poursuivre en hiver s'il est doux, et s'épanouir véritablement pendant tout le printemps.

Vivace cultivée en bisannuelle

Blanc, rose, rouge pourpré

Au printemps surtout

Toutes les expositions

Terreau universel

La fleur du printemps

Orientations
Toutes.

Terre
Terreau universel.

Plantation
En octobre/novembre ou fin d'hiver tous les 15 cm.

Arrosages
Réguliers.

Soins
Couper régulièrement les fleurs fanées pour favoriser la floraison et empêcher le semis spontané. Apporter un engrais lent à la pâquerette 'Tapis' au début de l'hiver.

Bidens (jaune) et fuchsia (rouge)

Bidens ferulifolia
Bidens

Vivace cultivée comme annuelle

Jaune

Juin à novembre

Soleil et mi-ombre

Terreau universel

Un port très souple et beaucoup de vigueur

Le bidens fait partie de ces plantes apparues sur le marché il y a quelques années et dont on se demande comment on a fait pour se passer jusqu'ici. Le port retombant de ses longues tiges gracieuses à petites fleurs adoucit le rebord des pots. Jaune à feuillage gris-vert, il s'harmonise très bien avec le blanc de plantes qui, comme lui, aiment le soleil (anthémis par exemple) et toutes les plantes aromatiques.

Il pousse très vite et fleurit sans faiblesse pratiquement jusqu'aux gelées pourvu qu'il soit très régulièrement arrosé. Attention cependant à sa vigueur, qui risque de gêner ses compagnes de pot.

Orientation

Soleil et mi-ombre.

Terre

Terreau universel.

Plantation

Début mai, dans un pot assez haut pour lui permettre de bien retomber.

Arrosages

Très réguliers pour éviter que la plante ne fane brusquement, ce qui peut lui être fatal.

Soins

Apporter un engrais liquide « coup de fouet » tous les 15 jours au moment de la pleine végétation. Supprimer les fleurs fanées, et rabattre les tiges de moitié vers la mi-août pour favoriser les dernières floraisons.

Brachycome iberidifolia
Brachycome

Cette plante basse au port bien étalé est à sa place au soleil, dans des potées larges et pas trop hautes qu'elle couvre très vite d'une nuée de « marguerites » aux tons doux qui fleurissent longuement. Ses feuilles légères, très découpées, vert pâle, s'harmonisent bien avec toutes les plantes aromatiques et les feuillages gris-vert.

Annuelle

Semi-rustique

Parfumée

Blanc, bleu, rose, mauve, pourpre

Mai à octobre

Soleil

Terreau universel

Un nuage de petites marguerites de très longue durée

Orientation
Soleil.

Terre
Terreau universel.

Plantation
En avril-mai tous les 20 cm.

Arrosages
Bien réguliers mais sans excès.

Soins
Donner un engrais liquide « coup de fouet » en pleine végétation et pincer les extrêmités des tiges après la première floraison pour favoriser les floraisons suivantes.

Buxus
Buis

Arbuste

Vivace

Rustique

Persistant

Soleil et mi-ombre

Terre à rosiers

Plaisant à taille adulte

Indispensable pour tous ceux qui aiment les jardins de feuillages un peu structurés, le buis est un arbuste solide mais... il pousse si lentement qu'il en est exaspérant, et quand on l'achète bien développé, il est assez cher. Si vous vous laissez tenter pour compléter un jardin vert ou un jardin sec (il est aussi très joli en compagnie d'aromatiques), achetez-le tout de même bien formé et déjà taillé (ils sont beaux à deux, l'un en cône, l'autre rond).

Buxus sempervirens, ou buis commun, est vert foncé et se prête très bien à la taille avec 'Pyramidalis'. 'Elegantissimo' est gris-vert et ourlé de blanc. 'Suffruticosa' est nain, vert foncé, à feuillage fin. On peut l'installer comme écran bas à ses fenêtres et le tailler en haie, avec à son pied (tout en préservant une bonne aération) des campanules, persistantes elles aussi, et des lierres qui adoucissent par leur exubérance la ligne stricte du buis.

Orientation
Soleil et mi-ombre mais il supporte aussi de vivre à l'ombre.

Terre
Terre à rosiers.

Plantation
Au printemps ou à l'automne, dans des pots un peu plus grands que les conteneurs dans lesquels les buis sont vendus.

Arrosages
Modérés.

Soins
Pour favoriser la croissance, surfacer de compost et de tourbe à l'automne, apporter un engrais lent à l'entrée de l'hiver, et toutes les 3 semaines pendant la belle saison, une poignée de sang desséché qui stimulera la pousse.

Taille
Surtout en mars et en juillet pour conserver les formes.

Calendula officinalis
Souci

On déteste ou on adore les soucis, qui éclatent de couleurs de fin mai aux gelées. Les fleurs semi-doubles ou doubles, jaunes ou orangées, se détachent sur un bon feuillage vert doux. Si vous les aimez, ne vous en privez pas : la culture est simple et la floraison assez rapide à partir du semis. Leur coloris très vif sera adouci par le voisinage de grimpantes à feuillage décoratif ou de plantes à fleurs blanches ou à feuillage gris argent comme les aromatiques.

'Fête Gitane' (30 cm) est très précoce, 'Lemon Queen' (40 cm), jaune citron à cœur brun, 'Orange King' (40 cm), orange à centre brun, 'Race de Ball' (50 cm), également à cœur brun, jaune et orange, 'Jurançon', orange à fleurs doubles.

Annuelle

Rustique

Jaune, orange

Mai à octobre

Soleil et mi-ombre

Terreau universel

Floraison vive, simple et prolongée

Orientation
Soleil ou mi-ombre.

Terre
Terreau universel.

Plantation
Par semis de fin mars à fin juin pour une floraison étalée. Éclaircir tous les 20 cm.

Arrosages
Réguliers, sans excès, en faisant attention de ne pas mouiller le feuillage.

Soins
Si l'on veut étoffer la plante, pincer un certain nombre de bourgeons terminaux en début de floraison. Couper les fleurs fanées pour prolonger la floraison et éviter le semis spontané, très vite envahissant.

Camellia
Camélia

Beaucoup plus rustique qu'on ne le croit, ce bel arbuste s'accommode très bien d'une culture en bac. Ses fleurs, souvent très proches de la rose, sont simples, semi-doubles ou très doubles, de coloris allant du blanc au rouge. Le feuillage est persistant et lustré.

En fleur dès novembre, les *Camellia sasanqua*, parfumés, beaucoup plus légers d'allure grâce à leurs feuilles petites, demandent une orientation ensoleillée mais non brûlante, et bien protégée. 'Crimson King', simple et rouge, et 'Narumi-Gata', simple et blanc teinté de rose à la périphérie, résisteront très bien au froid au nord de la Loire.

Les *Camellia japonica* et *Camellia* x *williamsii* préfèrent l'ombre. Il sont plus ou moins précoces (décembre à mars) en corolles simples ou doubles. Tous viennent bien en bac, surtout *Camellia japonica* 'Elegans', rose strié de rose plus vif, et 'Madame Lebois', rouge et double, qui fleurissent en février.

Arbuste

Persistant

Assez rustique

Du blanc au rouge carmin

Novembre à fin mars

Soleil ou ombre selon les variétés

Terre de bruyère

Des fleurs qui évoquent la rose en hiver

Orientation

Soleil pour *Camellia sasanqua* et ombre pour les autres. Toujours à l'abri du vent.

Terre

Terre de bruyère avec 1/4 du volume de compost.

Plantation

En automne de préférence, dans un bac. Soigner le drainage de fond.

Arrosages

Ne pas craindre d'arroser régulièrement pendant la mauvaise saison (hors gel) et avec une eau sans calcaire. En été, veiller à garder son humidité à la terre pour ne pas compromettre la floraison suivante.

Soins

Surfacer de compost et de tourbe en ajoutant de la poudre de roche au printemps et en automne. Enlever les fleurs fanées. Donner un engrais liquide « coup de fouet » tous les 15 jours à l'époque de la floraison. Protéger le pied l'hiver par un bon paillis. S'il a neigé, secouer l'arbuste doucement pour faire tomber la neige.

Taille

Un toilettage après la floraison pour éliminer les rameaux secs ou disgracieux. Si l'arbuste a subi une gelée (branches secondaires et feuilles grillées), tailler à ras les rameaux morts, plus légèrement les autres. Faire un apport de compost en surface pour aider le camélia à repartir.

Campanula
Campanule

Qu'elles soient annuelles ou vivaces, tapissantes ou hautes sur tiges, les campanules sont précieuses sur le balcon.

Parmi les campanules annuelles, *Campanula speculum* ou miroir-de-Vénus, vraiment belle, fleurit sous une forme tapissante de mai à juillet. Bisannuelle, *Campanula medium* est plus haute (50 cm), et fleurit de mai à juillet.

Les vivaces sont très variées : pour des formes tapissantes, choisir *Campanula carpatica*, à grosses fleurs en juin et septembre, *Campanula muralis*, à petites fleurs bleues en juin et juillet, *Campanula poscharskyana*, lilas, très étalée, ou *Campanula lactiflora* naine, blanche ou bleue. Pour des formes hautes (à tuteurer) *Campanula glomerata* 'Superba' monte à 80 cm entre mai et juillet, *Campanula lactiflora* peut atteindre 1 m mais 'Loddon Anna' ne dépasse pas 80 cm, elle est buissonnante à grands bouquets rose lilacé entre juin et août.

Campanula carpatica

Annuelle et vivace

Rustique

Blanc, rose, bleu

Mai à septembre

Soleil ou ombre légère

Terreau universel

Des clochettes à foison

Orientation

Soleil pour *Campanula glomerata* et *muralis*, soleil ou ombre légère pour les autres. À l'abri du vent pour les grandes formes.

Terre

Terreau universel.

Arrosages

Réguliers en cours de végétation, plus rares pour *Campanula glomerata* qui apprécie les terres un peu sèches.

Plantation

Pour les annuelles par semis au printemps, ou mieux à l'automne pour les voir fleurir plus tôt. Planter les bisannuelles à l'automne. Pour les vivaces, installer les plants au printemps, dans de bons pots bien drainés pour les grandes formes.

Soins

Surfacer de compost, de tourbe et d'engrais lent les vivaces au printemps. Apporter un engrais liquide « coup de fouet » tous les 15 jours aux annuelles pendant la pleine végétation. Couper les tiges fanées en fin de floraison.

Campsis x *tagliabuana* 'Madame Gallen'

Campsis
Bignoge ou jasmin de Virginie

Grimpante

Rustique

Rouge orangé ou rose

Juillet à septembre

Plein soleil

Terreau universel

Vigueur et intensité des couleurs

Il faut un grand bac pour contenter cette grimpante aux allures de liane exotique, avec ses longs rameaux et ses fleurs flamboyantes en trompette. Donnez-lui une terre riche, de la chaleur, et elle couvrira vite et pendant des années rambardes, tonnelles et murs. L'hybride *Campsis* x *tagliabuana* 'Madame Gallen' est la plus connue. Elle est vigoureuse et fleurit orangé.

Orientation
Le plein soleil près d'un mur chaud.

Terre
Terreau universel.

Plantation
Installer la plante dans un bon bac à l'automne ou au début du printemps, en enterrant les racines bien à l'aise.

Arrosages
Très réguliers pendant la période de végétation. Très réduits hors végétation.

Soins
Faire un apport de poudre de roche et de compost en automne. Au départ de la floraison donner un engrais liquide « coup de fouet » tous les 15 jours.

Taille
Tailler en mars tous les rameaux secondaires à 4 yeux (bourgeons) à partir de leur base. Aider la plante à s'accrocher en début de croissance. Couvrir le pied d'un bon paillis à l'arrivée de l'hiver.

Caryopteris
Caryoptéris

Idéal pour compléter une atmosphère provençale sur le balcon en compagnie de potentilles et de lavandes, le caryoptéris aime le soleil et la chaleur. Le parfum de ses feuilles (quand on les froisse) n'en sera que plus fort. Courant août, il se couvre de petites fleurs bleu intense avec *Caryopteris* x *clandonensis* 'Heavenly Blue', ou bleu violacé avec 'Kew Blue' aux feuillages argentés au revers. 'Worcester Gold' se distingue par son feuillage jaune.

Arbuste buissonnant (jusqu'à 1 m)

Rustique sauf longs froids secs

Caduc

Parfumé

Bleu

Août à octobre

Soleil

Terre à rosiers

La plante bleue de l'arrière-saison

Orientation
Le plein soleil près d'un mur chaud.

Terre
Terre à rosiers.

Plantation
En automne de préférence, dans une grande jardinière ou un bon pot. Soigner le drainage de fond.

Arrosages
Réguliers mais sans excès en saison.

Soins
Pour redonner vigueur à la plante, surfacer en automne et au printemps de compost, de tourbe et de poudre de roche. Pailler en hiver pour protéger l'arbuste de l'humidité.

Taille
En mars-avril, tailler à ras les pousses faibles de l'année précédente et à 10/15 cm de la terre celles qui sont plus robustes.

Ceanothus impressus 'Puget's Blue'

Arbuste

Assez rustique

Persistant ou caduc

Bleu

Mai à juillet et juillet-août

Soleil

Terre à rosiers

Un bleu magique

Ceanothus
Céanothe

Le céanothe est un arbuste d'une beauté exceptionnelle. Il peut, en climat doux comme en Bretagne, couvrir toute une façade d'un bleu incomparable.

Sur un grand balcon ou une terrasse, il deviendra aussi très beau si vous l'installez au soleil à l'abri du vent.

Ceanothus impressus est le plus séduisant. Il est assez rustique et persistant. Il fleurit bleu vif de mai à juillet. Palissez ses branches pour l'aider à grimper contre une façade. *Ceanothus thyrsiflorus* est lui aussi persistant mais il prendra plutôt l'aspect d'un petit arbre. Sous sa forme *repens*, il est très étalé. Il fleurit bleu plus pâle à partir de mai. *Ceanothus* x *delilianus* est caduc en forme de gros buisson. Il fleurit en juillet et résistera bien au froid et aux situations un peu ventées.

Orientation
Soleil. À l'abri du vent pour les céanothes de printemps.

Terre
Terre à rosiers.

Plantation
En automne de préférence et dans un grand bac. Arroser pour fixer l'arbuste.

Arrosages
Sauf après la plantation, minimes pour les arbustes de printemps : trop d'eau fragiliserait la plante et la rendrait sensible au froid. Réguliers mais sans excès pour le céanothe d'été, et avec une eau sans calcaire pour les céanothes de printemps.

Soins
Surfacer en automne de compost, de tourbe et de poudre de roche les céanothes de printemps, un apport supplémentaire de compost au printemps sera le bienvenu pour le céanothe d'été.

Taille
Inutile et même déconseillée pour les arbustes de printemps. Légère et à la périphérie pour le céanothe d'été ; supprimer aussi au printemps quelques branches au centre pour aérer l'arbuste.

Centaurea
Centaurée

Centaurea montana

Vivace

Rustique

Blanc, rose, bleu

Mai à juillet

Soleil

Terreau universel

Vivace de printemps toujours en forme

Nous préférons les centaurées vivaces aux centaurées annuelles parce qu'elles sont particulièrement faciles à vivre. Ces vivaces sont en effet extrêmement rustiques, touffues et florifères. Elles s'épanouissent dès mai en nombreuses fleurs au beau coloris qui n'est pas toujours bleu, comme on le croit souvent, mais aussi blanc ou rose carmin. Elles sont bien à leur place, isolées pour les plus grandes et les variétés envahissantes, ou en compagnie des leucanthèmes, sauges ou véroniques.

Une des premières à fleurir (mai-juin), et la plus connue, est *Centaurea montana* (40 cm), bleu vif ou blanche, à qui il vaut mieux réserver un pot à elle seule car elle est très envahissante. *Centaurea pulcherrima*, moins courante, est rose avec un beau feuillage gris-vert, elle fleurit aussi en mai-juin. *Centaurea hypoleuca* 'John Coutts' est rose pourpré au feuillage gris-vert. *Centaurea dealbata* 'Steenbergii', remontante, fleurit rose carmin. Toutes les deux s'épanouissent en juin-juillet.

Orientation
Soleil.

Terre
Terreau universel.

Plantation
Au début de l'automne de préférence, avec un bon drainage de fond.

Arrosages
Réguliers en cours de végétation.

Soins
Surfaçage de compost, de tourbe et d'engrais lent au printemps. Couper les fleurs fanées.

Multiplication
Par division des touffes en août-septembre.

Cerastium
Céraiste ou corbeille d'argent

Vivace

Rustique

Persistante

Blanche

Mai-juin

Soleil

Terreau universel caillouteux

Un tapis blanc envahissant

Une nuée de petites « marguerites » blanches en mai, un feuillage tapissant, argenté et duveteux toute l'année, et une bonne résistante à la sécheresse sont les atouts des céraistes qui prolifèrent d'autant mieux qu'elles seront plantées dans une terre caillouteuse et pas trop arrosée. Les céraistes sont envahissantes et vous serez vite amené à réduire cette plante par de régulières divisions des touffes. Ne la plantez pas avec des plantes moins robustes, qu'elle aurait vite fait de supplanter.

Cerastium biebersteinii est la plus envahissante et accepte une ombre légère. *Cerastium tomentosum* a un feuillage moins argenté et de plus petites fleurs, *Cerastium tomentosum* 'Yoyo' est naine à floraison extrêmement abondante.

Orientation
Soleil ou ombre lumineuse.

Terre
Terreau universel caillouteux.

Plantation
Au début du printemps ou de l'automne.

Arrosages
Modérés (les céraistes ne détestent pas la sécheresse).

Soins
Surfacer de compost, de tourbe et d'engrais lent au printemps, mais sans excès.

Taille
On peut raccourcir la plante après la floraison pour lui garder une jolie forme et l'empêcher d'être trop envahissante.

Multiplication
Par division des touffes ; à faire régulièrement.

Ceratostigma
Cératostigma ou faux plumbago

La couleur bleu gentiane des fleurs de ce buisson très ramifié et léger illumine l'automne. Sa relative rusticité ne doit pas faire peur puisque, taillé court en début de végétation, il repart très bien de la souche. *Ceratostigma griffithii* a des feuilles arrondies et duveteuses. Vous pouvez le palisser contre un mur au soleil. Les feuilles de *Ceratostigma willmottianum* sont, elles, allongées et lisses.

Arbuste (1 m)

Assez rustique

Caduc

Juillet à novembre

Soleil

Terre à rosiers

Longue et belle floraison de fin de saison

Orientation
Soleil, à l'abri des vents froids.

Terre
Terre à rosiers.

Plantation
En automne de préférence et dans un grand pot, avec un bon drainage de fond.

Arrosages
Réguliers quand le plant est jeune. Au bout de plusieurs années, l'arbuste supportera beaucoup mieux la sécheresse.

Soins
Surfacer en automne et au printemps d'un mélange de compost, de tourbe et de poudre d'os. Protéger le pied d'un paillis à l'entrée de l'hiver.

Taille
En tout début de végétation, supprimer toutes les branches sèches ou gelées pour faire repartir la souche.

Multiplication
On peut au printemps diviser la touffe quand elle est assez forte et réaliser de nouvelles potées.

Choisya ternata
Oranger du Mexique

Une forme naturelle ample et arrondie, un feuillage dont on profite toute l'année, une floraison parfumée qui dure presque tout le mois de mai. Voici quelques très bonnes raisons pour accueillir le *Choisya* sur votre balcon. Sa beauté simple et son feuillage persistant en font une constante des jardins verts. Il se contente d'un sol ordinaire. Et s'il gèle, ce qui lui arrive rarement en situation abritée du vent, taillez-le et il repartira.

Arbuste

Rustique

Persistant

Parfumé

Blanc

Mai à juin

Soleil ou mi-ombre

Terre à rosiers

Fleurs et parfum d'oranger

Orientation

Soleil (surtout pour les climats assez froids) ou mi-ombre, mais toujours à l'abri du vent.

Terre

Terre à rosiers avec une couche de compost au fond.

Plantation

Au printemps dans les régions assez froides, sinon à l'automne. Dans un grand pot avec un bon drainage de fond.

Arrosages

Bien réguliers en été ; plus parcimonieux hors saison.

Soins

Au printemps, surfacer le pot avec un mélange de compost, de tourbe et de poudre de roche. Vous pouvez, tous les 15 jours en pleine végétation, donner un engrais liquide « coup de fouet ». À l'entrée de l'hiver, pailler la surface du pot.

Taille

Après la floraison, tailler légèrement les branches pour conserver son arrondi au *Choisya* et supprimer à ras les branches qui ont séché. Après les gelées, si l'arbuste a été attaqué, couper jusqu'au premier bourgeon sain et frais toutes les branches atteintes.

Chrysanthemum

Chrysanthème et marguerite

Les marguerites et chrysanthèmes que nous proposons ici n'ont pas grand chose à voir avec les gros chrysanthèmes des Toussaint d'autrefois. Ce sont des plantes à petites fleurs, jamais très hautes (nous laissons de côté la trop grande marguerite d'été), souvent blanches mais aussi roses et jaunes.

Pour le printemps, choisir parmi les vivaces : *Chrysanthemum leucanthemum* 'Reine de Mai' (40 cm) ou 'Princesse d'Argent' (30 cm), tous deux blancs et bien buissonnants. Pour une floraison d'été qui résiste bien à la sécheresse, choisissez les annuelles comme *Chrysanthemum segetum* ou chrysanthème des moissons (fleurs de juin à septembre, 50 cm), ou *Chrysanthemum paludosum*, tapissant et très florifère (juin aux gelées).

En automne, préférez des vivaces comme *Chrysanthemum rubellum* (50 cm) 'Clara Curtis', rose, ou 'Mary Stocker', jaune pâle et encore 'Shaffausen', jaune intense.

Annuelle ou vivace

Rustique

Blanc, rose, jaune

De mai aux gelées

Soleil

Terreau universel

Longue et robuste floraison

Orientation
Soleil.

Terre
Terreau universel.

Plantation
Au printemps pour les chrysanthèmes d'automne et les annuels, à l'automne pour les chrysanthèmes de printemps. Veiller au drainage de fond.

Arrosages
Réguliers pendant la période de végétation.

Soins
Surfacer au printemps avec un mélange de compost, de tourbe et d'engrais lent. Pincer le *Chrysanthemum rubellum* quand il atteint 15 cm pour renforcer sa floraison.

Taille
Pour les vivaces, tailler court en fin de végétation.

Multiplication
Nécessaire quand les vivaces prennent de l'importance. Diviser les touffes au printemps pour les chrysanthèmes d'automne et en automne pour ceux qui fleurissent au printemps.

Cistus x *corbariensis*

Cistus
Ciste

Arbuste

Rustique en climat doux

Persistant

Parfumé

Blanc, rose

Mars à juin

Soleil

Terreau universel

Floraison délicate

Typiquement méditerranéens, les cistes ne sont pas un modèle de rusticité au nord de la Loire. Mais s'ils viennent très bien en pots dans le Midi et sur le littoral où ils résistent parfaitement au vent, on peut quand même les essayer dans les régions un peu plus froides si on les installe en plein soleil dans la chaleur réverbérante d'un mur. Ils ont le charme de ces plantes à la floraison ephémère qui se renouvelle sans cesse. La fleur rappelle l'églantier ou le pavot. Le parfum aux heures chaudes est très marqué.

À choisir en fonction de son développement et de sa couleur : *Cistus* x *corbariensis* (1 m de haut et de large), blanc centré de jaune, l'un des plus rustiques ; *Cistus laurifolius* (plus de 1 m en tous sens), blanc taché de jaune, très aromatique, rustique ; *Cistus* x *purpureus* (plus de 1 m en tous sens), rose ou pourpre taché de brun au coeur ; *Cistus crispus* (60 cm), précoce à fleurs roses qui s'épanouissent en mars ; *Cistus* x *skanbergii* (60 cm), à petites fleurs rose clair.

Orientation
Au soleil et, au nord de la Loire, dans la chaleur d'un mur et à l'abri des vents nord et est.

Terre
Terreau universel.

Plantation
En avril/mai dans un grand pot ou un bac au bon drainage de fond.

Arrosages
Modérés.

Soins
Surfacer légèrement de compost et de tourbe mêlés en automne et au printemps. Le ciste est plus résistant dans une terre pas trop riche. Pailler soigneusement en hiver.

Taille
Couper régulièrement le quart supérieur des rameaux pour obliger le ciste à se ramifier et lui donner de la résistance au vent.
Au début du printemps, supprimer les tiges en surnombre pour aérer la plante.

Clematis
Clématite

Clematis montana 'Rubens'

Grimpante

Vivace

Rustique

Blanc, rose, bleu, rouge, violet

Avril à septembre selon les variétés

Soleil à ombre lumineuse

Terreau universel

Beauté incomparable des fleurs

Si vous n'avez la place que pour une seule grimpante (et même si vous croyez ne pas avoir la place), laissez-vous tenter par cette liane ravissante et généreuse. Étonnamment vigoureuses dès que le printemps se fait sentir, les clématites joignent à l'élégance de leur feuillage la somptuosité de fleurs veloutées s'ouvrant lentement sur un bouquet d'étamines jaunes ou pourprées. Selon la variété que vous aurez choisie, les clématites peuvent fleurir du printemps à la fin de l'été ; elles sont à petites ou grandes fleurs, simples ou doubles, de coloris pastel ou très soutenu, mais elles ont toutes un point commun : leur délicatesse et leur beauté.

Pour une floraison printanière (avril-mai) choisissez les clématites à petites fleurs comme *Clematis armandii*, très étoffée, ou *Clematis montana* qui fleurit à profusion rose pâle avec 'Rubens' et blanc avec 'Grandiflora'. Ou *Clematis macropetala* 'Maidwell Hall' qui fleurit bleu. Et pour les variétés à grandes fleurs, 'The President', qui est bleu pourpre, 'Vyvyan Pennel',

Orientation

Soleil à ombre lumineuse.

Terre

Terreau universel.

Plantation

En automne ou au début du printemps. Choisir un pot de bonne taille, soigner le drainage de fond, mêler un peu de poudre de roche à la terre, coucher la plante en biais sur 20 cm de sa longueur, bien recouvrir de terre et redresser le reste de la plante contre un petit tuteur. Placer un large morceau de poterie sur la terre pour empêcher le sol de devenir trop chaud au soleil ou mieux, ombrer le pied avec une petite annuelle bien touffue. Arroser pour bien fixer la plante en terre.

Clematis x *jackmanii*

violet-bleu à fleurs doubles remontantes, 'Nelly Moser', rose rayé de rose soutenu.

Parmi les variétés d'été, 'Madame Le Coultre' fleurit blanc, *C.* x *jackmanii*, blanc, violet sombre ou rouge, 'Perle d'Azur', bleu ciel et 'Belle Nantaise', plus tardive, bleu pâle, 'Comtesse de Bouchaud' rose-mauve. *Clematis florida* 'Sieboldii', toute blanche avec un large bouquet d'étamines violettes, est magique. 'Niobe' est rouge foncé à étamines vertes en fin d'été, et la dernière venue, *Clematis tangutica*, fleurit en clochettes jaunes jusqu'à l'automne.

On peut aussi faire son choix parmi des clématites à petites fleurs qui fleurissent au cours de l'été, comme 'Alba luxurians', blanche à pointes vertes et cœur noir, 'Étoile Rose', rose à cœur pourpre. Associez une clématite de printemps avec une clématite d'été pour prolonger votre plaisir. Ou plantez près de votre clématite un rosier grimpant qui fleurira en même temps qu'elle, c'est particulièrement joli. Vous pouvez aussi associer clématite, liserons et chèvrefeuille.

Arrosages

Juste ce qu'il faut pour que la terre reste légèrement humide (mais pas détrempée). L'été, arroser le soir, copieusement. Pendant la mauvaise saison, cesser pratiquement les arrosages.

Soins

Donner un engrais à action lente les années suivant l'année de plantation en mars. Pailler le pied à l'entrée de l'hiver de compost et de tourbe.

Taille

Si votre clématite fleurit au printemps, ne pas la tailler, sauf les rameaux gênants qu'on taille juste après la floraison, car la plante ne fleurit que sur les rameaux de l'année précédente. Si elle fleurit en été, attendre l'année suivante fin février ou début mars (pour éviter les gelées) : la clématite d'été fleurit sur les rameaux nés au printemps de l'année. Tailler pour favoriser la pousse de nouveaux rameaux à la hauteur qui vous convient. Vous pouvez tout tailler, toujours en fin d'hiver, tous les 2-3 ans jusqu'à 30-40 cm au-dessus de la terre pour revigorer la plante.

Cobaea scandens
Cobée

Un petit air exotique, une grande vigueur, une floraison qui se prolonge jusqu'en octobre en cloches violettes, un feuillage étoffé vert clair qui forme un bel écran naturel aux ardeurs du soleil : autant de qualités qui devraient vous décider à acclimater cette grimpante sur votre balcon. Ses vrilles lui permettent de s'accrocher d'elle-même, mais contre un mur, aidez-la en installant un treillage. Vous pouvez aussi la conduire sur des fils tendus en tonnelle au-dessus de votre balcon ou de votre petite terrasse.

Grimpante

Vivace en climat doux

Pourpre ou blanc-vert

Juillet à octobre

Soleil et mi-ombre

Terreau universel

Pousse très rapide et vigoureuse

Orientation
Soleil ou mi-ombre.

Terre
Terreau universel.

Plantation
Mieux vaut acheter un plant en mai que de semer. Choisir un grand pot et installer le plant, racines bien étalées. Soigner le drainage de fond.

Arrosages
Réguliers pendant toute la période de végétation.

Soins
Les cobées sont gourmandes : ajouter à l'eau d'arrosage un engrais liquide tous les 15 jours quand elle se sera déjà bien développée, elle s'étoffera d'autant mieux. En climat doux, protéger la souche par un bon paillis à l'entrée de l'hiver, surfacer de compost et de poudre de roche mêlés à l'automne.

Convallaria majalis
Muguet

C'est sa valeur symbolique, son parfum et le charme de ses clochettes qui ont popularisé cette fleur que nous achetons tous en pot ou en bouquet le 1er mai et qui embaume la maison. Vous pouvez la faire venir aussi sur votre balcon en une belle touffe installée dans une potée évasée. Elle enchantera au moins trois semaines un coin ombragé ou le pied d'un arbuste d'ombre.

Vivace

Rustique

Parfumé

Blanc

Mai

Mi-ombre et ombre

Terreau universel

Le parfum et le blanc des clochettes

Orientation
Ombre ou mi-ombre.

Terre
Terreau universel.

Plantation
En septembre, enterrer les rhizomes qui forment une griffe, juste assez pour qu'ils soient recouverts de terre, et peu espacés les uns des autres.

Arrosages
Assez fréquents pour garder à la terre une humidité légère ; pratiquement nuls en hiver.

Soins
Surfacer de compost, de tourbe et d'engrais lent au printemps. Pailler les plants à l'entrée de l'hiver.

Multiplication
En septembre, arracher les plants et les séparer en plusieurs groupes. Replanter chaque groupe dans de nouvelles potées.

Convolvulus
Convolvulus

Un liseron peut fleurir à lui seul votre balcon pendant toute la belle saison.

Sous sa forme arbustive (qui se décèle bien peu) c'est le *Convolvulus cneorum*, au beau feuillage argenté et aux fleurs blanches qui viennent à profusion. C'est aussi le *Convolvulus sabatius*, bleu intense au léger feuillage vert. Tous deux déborderont largement de vos jardinières en une floraison ininterrompue de mai à septembre. Ils sont vivaces en climat doux mais supportent tout de même les hivers assez rudes (jusqu'à - 8 °C) en situation ensoleillée et abritée.

Sous sa forme herbacée, c'est le *Convolvulus minor* ou belle-de-jour, une annuelle vigoureuse aux corolles blanches, roses ou bleues, qui s'épanouit de juillet à septembre, généreusement, sur un feuillage plus large et vert vif.

Les convolvulus arbustifs ont tout de même, de loin, notre préférence : pour le feuillage gris argent du premier, et leur floraison particulièrement aérienne.

Arbuste persistant semi-rustique ou annuelle

Blanc, bleu (et rose pour l'annuelle)

Mai à septembre

Soleil

Terreau universel

Poétique et foisonnant

Orientation
Soleil, et à l'abri du vent pour les convolvulus arbustifs.

Terre
Terreau universel, avec une poignée de perlite ou vermiculite pour les convolvulus arbustifs.

Plantation
Pour les arbustes, planter au début du printemps et dans une bonne jardinière. Soigner le drainage de fond. La belle-de-jour se sème dès avril en poquets (petit groupe de graines peu espacées) de 4-5 graines, tous les 25-30 cm.

Arrosages
Très réguliers, ce qui favorise la floraison.

Soins
Pour le convolvulus arbustif, au début du printemps et en automne, surfacer de compost, de tourbe et de poudre de roche. On peut donner un engrais liquide « coup de fouet » en pleine végétation tous les 15 jours.

Taille
Couper les rameaux de *Convolvulus cneorum* quand ils jaunissent et tailler sévèrement *Convolvulus sabatius* en fin d'hiver pour susciter de nouvelles pousses.

Coronilla emerus
Coronille des jardins

Arbuste

Rustique

Caduc

Jaune vif

Mai à octobre

Soleil

Terreau universel

Très longue floraison, minimum d'entretien

C'est l'arbuste du débutant ou du jardinier pressé : robuste, la coronille fleurit gaillardement toute la belle saison dans une terre ordinaire, voire pauvre. Elle ne demande presque aucun soin et supporte bien la sécheresse, comme le romarin ou la lavande, auprès desquels elle est très jolie.

De forme buissonnante, elle ne monte pas très haut (moins de 1 m) mais est bien étoffée. Prévoyez-lui un grand pot pour lui donner ses aises.

Orientation
Le plein soleil.

Terre
Terreau universel.

Plantation
Au début du printemps dans un grand pot, ou une grosse jardinière, en soignant bien le drainage de fond.

Arrosages
Parcimonieux et quand la terre commence à sécher. Presque plus pendant la mauvaise saison.

Soins
À l'automne, un surfaçage de compost est suffisant. Supprimer les gousses qui contiennent les graines pour favoriser la floraison.

Taille
Pas nécessaire.

Cosmos
Cosmos

Cette grande annuelle de plein été donne beaucoup de charme à un balcon par la délicatesse de couleur de la fleur et la légèreté du feuillage divisé et ample. Si le printemps est précoce, vous pouvez la semer en avril et la voir fleurir dès juin. Réservez-lui un grand pot où vous garderez quelques plants issus du semis et tuteurez-la de fins bambous pour l'aider à tenir au vent.

Deux espèces sont cultivées : *Cosmos bipinnatus* (60 cm à 1 m), le plus utilisé, a de loin notre préférence. Vous pouvez choisir dans le type 'Sonata' et 'Vega' qui ne dépassent pas 60 cm, 'Merveille Précoce' ou 'Sensation' (1 m) qui fleurissent tôt, en blanc, rose, carmin, à coloris unique ou en mélange.

Cosmos sulphureus (60 cm) est à notre avis moins élégant, le feuillage est plus épais et les couleurs plus dures : jaune, orangé ou rouge.

Annuelle

Rustique

Blanc, rose, carmin ou jaune, orange, rouge selon la variété

Juin à octobre

Soleil

Terreau universel

Beaucoup de grâce

Orientation
Soleil.

Terre
Terreau universel.

Plantation
Semis en avril-mai dans un grand pot. Éclaircir tous les 30 cm.

Arrosages
Réguliers mais sans excès.

Soins
Couper les fleurs fanées pour favoriser la floraison. Tuteurer pour faire tenir le cosmos au vent.

Cotoneaster horizontalis

Arbuste

Vivace

Rustique

Caduc ou persistant

Baies rouges ou jaunes

Soleil

Terre à rosiers

Très gai en hiver

Cotoneaster
Cotoneaster

Le cotoneaster est tapissant ou buissonnant et peut même prendre la forme d'un petit arbre. Il se couvre dès l'automne d'une multitude de baies rouges le plus souvent, ou jaunes. Et il supporte le vent et la sécheresse.

Ce sont essentiellement les cotoneasters persistants que nous avons retenus ici : *Cotoneaster dammeri* est rampant et peut s'étaler sur près de 2 m. Il fleurit blanc en juin puis fructifie en rouge. 'Skogholm' est particulièrement vigoureux. *Cotoneaster franchetii* est un petit arbre robuste qui monte et s'étale sur 1,50 m. Ses branches au port arqué fleurissent blanc et rose en juin et se couvrent de baies rouges à l'automne. *Cotoneaster microphyllus* est à toutes petites feuilles, bas et très étalé. Il fleurit et fructifie comme les deux premiers. Vous pouvez le laisser ramper ou le palisser contre un mur. *Cotoneaster* x *watereri* 'Rothschildianus' est un arbuste qui peut atteindre près de 2 m, à feuillage semi-persistant. Il se différencie des autres par ses baies jaunes dès septembre.

Orientation
Soleil ou mi-ombre.

Terre
Terre à rosiers, avec un peu de poudre de roche.

Plantation
À l'automne dans de grands pots, ou bacs pour les formes arbustives.

Arrosages
Modérés.

Soins
Surfacer de compost et de tourbe en automne. Vous pouvez aussi donner un engrais lent à l'entrée de l'hiver.

Taille
En avril pour ces cotoneasters. Raccourcir les plus longs rameaux pour favoriser le départ de nouvelles pousses.

Crocus
Crocus

Feuilles effilées en bouquet, fleurs aux coloris vifs rehaussés du jaune des stigmates, le crocus est idéal pour égayer l'automne ou le creux de l'hiver. Robuste, il refleurira sans faiblesse plusieurs années de suite.

Crocus ancyrensis paraît en janvier, il est tout petit mais d'un jaune éclatant. *Crocus chrysanthus*, un peu plus grand, est aussi très précoce puisqu'il fleurit en février. Le bleu clair de 'Blue Pearl' est particulièrement délicat, 'Lady Killer' lui ressemble en plus pâle, 'Gipsy Girl' est jaune strié de brun-violet à l'extérieur. *Crocus speciosus* est un bulbe d'automne plus haut encore, à grandes fleurs azur veiné de bleu plus foncé, particulièrement robuste et prolifique, et très facile à cultiver.

Ces petits bulbes seront mis en valeur si vous les adossez à un écran de verdure persistant, le lierre par exemple, ou tout autre persistant assez léger pour ne pas écraser de sa masse la petite taille des crocus.

Bulbe

Rustique

Bleu lilas ou intense, jaune, blanc

Février-mars ou septembre-octobre

Soleil

Terre bien drainée

Floraison éclatante en hiver, bleus magnifiques en automne

Orientation
Soleil.

Terre
1/3 de volume de terrau universel, 1/3 de compost, 1/3 de perlite ou vermiculite.

Plantation
À mi-septembre pour les crocus d'hiver et en juillet pour les crocus d'automne, planter les bulbes à 10 cm de profondeur espacés de 5 à 10 cm selon leur grosseur.

Arrosages
Très peu au départ ; attendre la sortie du plant pour arroser régulièrement, mais sans excès les bulbes d'automne, et encore moins les bulbes d'hiver.

Soins
Donner un engrais lent (type Osmocote) au départ de la végétation. Rempoter les crocus tous les ans au flétrissement des feuilles.

Multiplication
Au moment où le feuillage flétrit, par prélèvement des jeunes cormes (bulbes) quand les crocus forment de grosses touffes.

Cyclamen
Cyclamen

Sous sa forme rustique, le cyclamen ne se distingue de celui des fleuristes que par sa taille : plus menu, il est peut-être aussi plus élégant et vous étonnera par la durée de sa floraison. Il s'acclimate très bien en pot, où vous aurez intérêt à le laisser : son beau feuillage dure longtemps après la floraison et il refleurit plusieurs années de suite sans difficulté. Choisissez le *Cyclamen hederifolium*, ou cyclamen de Naples, qui s'épanouit de septembre à novembre blanc, rose pâle ou rose soutenu avec une incroyable générosité.

En climat doux, on peut se laisser tenter par le *Cyclamen pseudibericum*, qui fleurit début mars avec un parfum de violette, mais il est malheureusement très cher en France. Dès le début de l'automne, planter les tubercules recouverts à peine de terre, avec un espacement de 10/15 cm. Mêmes soins que pour les autres cyclamens.

Bulbe

Rustique

Blanc, rose, mauve, rouge violacé

Septembre à novembre

Ombre et mi-ombre

Terre bien drainée

Longue floraison d'automne

Orientation
Mi-ombre

Terre
1/3 du volume de terre végétale, 1/3 de terreau, 1/3 de perlite ou vermiculite.

Plantation
Fin août, installer les cormes (bulbes) à 10 cm de distance et les recouvrir à peine de terre.

Arrosages
Attendre la sortie de terre des pousses et maintenir seulement une légère humidité. Après la floraison, réduire nettement les arrosages en donnant de l'eau par la coupelle.

Soins
Au départ de la végétation, donner un engrais lent. À l'entrée de l'hiver, pailler pour protéger du gel la potée.

Multiplication
Par semis. Disperser les graines issues de votre cyclamen sur la terre d'une nouvelle potée, tasser et arroser délicatement. Il est tout de même plus réaliste d'acheter de nouveaux cyclamens l'année suivante. Si vous ne faites rien, le vent (ou un oiseau) peut semer pour vous et vous aurez la surprise de trouver dans une de vos jardinières un petit cyclamen que vous n'avez pas planté.

Dahlia
Dahlia

À fleurs simples ou très doubles, nains ou géants, de couleurs délicates ou flamboyantes, tous les dahlias fleurissent d'août aux gelées. Pour votre balcon, choisissez les petits dahlias à fleurs simples, légers et multicolores, ou les dahlias cactus nains à plus grosses fleurs. Le « croco » ne dépasse pas 60 cm et s'épanouit de fleurs simples jaune orangé. Il a beaucoup de présence sans être lourd. 'Étoile des Neiges' (50 cm) est blanc à cœur jaune. 'Zodiac' (50 cm) est violet vif. 'Brio' a des fleurs d'anémone orange soutenu. 'Topmix' (25 cm) est le plus petit et très adapté aux balcons. Parmi les cactus nains, plus lourds mais tout aussi colorés, choisir 'Oscar' (50 cm) qui est rouge ou, à l'opposé, 'Retro', crème souligné de rose léger.

Bulbe

Non rustique

Toutes couleurs

Août à fin septembre

Soleil

Terre à rosiers

Longue floraison, multiplicité des couleurs

Orientation
Soleil non brûlant.

Terre
Terre à rosiers.

Plantation
Début mai, disposer les souches à 10 cm de profondeur, espacées de 40 cm dans une grosse jardinière ou un bon pot.

Arrosages
Légers au début et de plus en plus réguliers au cours de l'été.

Soins
Couper les fleurs dès qu'elles sont fanées et favoriser la floraison en ajoutant tous les 15 jours un engrais liquide « coup de fouet » en pleine végétation. Si le climat est doux, on peut laisser les dahlias en place en les paillant l'hiver. Sinon, arracher les plants, couper les tiges à 10 cm de la base et conserver les souches dans une caissette remplie de sable ou de tourbe, au sec et à l'obscurité fraîche jusqu'au printemps suivant.

Multiplication
Quand les souches sont bien grosses, on peut lors de la plantation les couper net en deux avec sur chaque demi-souche un bourgeon. Poudrer les souches sectionnées avec un produit cicatrisant avant de les planter.

Delphinium
Delphinium

Vivace

Rustique

Blanc, bleu, violet, rose

Juin, remontée en septembre

Soleil

Terreau universel

Très grande beauté

Cette diva aux bleus incroyables – c'est dans cette couleur qu'elle est la plus belle – est magique sur une terrasse ou un grand balcon. Elle est particulièrement séduisante sur le fond vert d'une grimpante à feuillage décoratif, qui la protègera du vent, ou près d'un rosier. Les delphiniums peuvent monter à plus de 1,50 m ou plus modestement ne pas dépasser 50 cm, être à fleurs simples ou doubles, rehaussées ou non d'un cœur sombre, avoir une touffe plus ou moins ramifiée. Mais tous remontent en septembre avec une floraison tout de même moins abondante.

Installez dans un grand pot les longs *Delphinium Pacific*, qu'il faut tuteurer pour qu'ils ne cassent pas ou le *Delphinium* x *belladonna*, un peu plus bas et touffu. Le *Delphinium grandiflorum* ne dépasse pas 50 cm, il est très ramifié, toujours bleu, résiste mieux au vent et fleurit d'abondance. Mais il vit moins longtemps.

Orientation
Soleil à l'abri du vent.

Terre
Terreau universel.

Plantation
En automne de préférence, dans un grand pot.

Arrosages
Bien réguliers en cours de végétation (le delphinium n'aime pas être au sec).

Soins
Au printemps, surfacer d'un mélange de compost, de tourbe et d'engrais lent. Donner un engrais liquide « coup de fouet » tous les 15 jours après la première floraison pour en favoriser une seconde. Si vous êtes patient, vous pouvez enlever chaque fleur fanée avec les graines en formation pour ne pas fatiguer la plante.

Taille
Pour permettre une remontée en septembre, couper court les hampes florales quand elles sont entièrement fanées. En fin de saison tailler à ras toutes les hampes.

Multiplication
Au printemps, diviser les touffes importantes.

Dianthus
Œillet

Ce ne sont pas les œillets horticoles ni même les œillets de poète, décidément trop raides sur le balcon, mais plutôt les œillets botaniques que nous préférons : rien de tel que ces petits œillets de rocaille pour colorer et parfumer le printemps en un tapis robuste et frais au pied d'un arbuste, ou débordant d'une potée large et pas trop profonde. Choisissez de préférence, pour son bon étalement et sa durée de floraison, *Dianthus caesius* (ou *Dianthus gratianopolitanus*), 20 cm, au fin feuillage vert glauque et aux fleurs roses parfumées, ou *Diantius deltoides* (20 cm) à feuilles vert foncé et fleurs du blanc au rouge entre juin et l'automne. Il est envahissant et se ressème de lui-même. Malheureusement, il n'a pas de parfum. Un peu plus haut (25 cm), tout aussi rustique et joli, *Dianthus plumarius*, ou œillet mignardise, fleurit rose et parfumé de mai à juillet. Avec 'Allwoodii', vous bénéficierez d'une floraison très prolongée. Mais choisissez aussi les variétés anciennes qui sentent particulièrement bon.

Dianthus plumarius

Vivace

Rustique

Persistant

Parfumé

Blanc, rose, pourpre

Mai à septembre

Soleil et mi-ombre

Terreau universel

Robuste et charmant

Orientation

Soleil ou mi-ombre, mais le plein soleil pour l'œillet mignardise.

Terre

Terreau universel.

Plantation

En mars ou en automne, assez serrés (10 cm) pour les *deltoides*, un peu plus espacés pour les autres (20 cm). Donner un peu de corne torréfiée à l'œillet mignardise.

Arrosages

Modérés. Pratiquement inexistants en hiver (les œillets n'aiment pas l'humidité hivernale).

Soins

Au printemps, surfacer de compost, de tourbe et d'engrais lent. Couper les fleurs fanées, sauf quelques-unes pour laisser le *Dianthus deltoides* se ressemer.

Dicentra

Dicentra ou cœur-de-Marie

Vivace

Semi-rustique

Blanc, rose soutenu, rouge

Avril à juin

Mi-ombre

Terreau universel

Extrêmement gracieuse

Peu de plantes réussissent aussi bien que les cœurs-de-Marie à conjuguer grande originalité de forme et poésie. À mi-ombre près d'une vivace à feuillage décoratif (fougère, hosta...), rien n'est plus charmant que l'apparition fin avril, début mai, de la multitude de petits cœurs pendus comme des lampions aux tiges recourbées en forme de crosse des dicentras.

Leur seul défaut : ils peuvent mettre plus d'un an à bien s'installer et il faut marquer leur emplacement en hiver pour ne pas les abîmer par un sarclage : la souche n'est pas très visible et les bourgeons sont fragiles.

Dicentra spectabilis, la plus courante (50 cm), fleurit blanc pur ou rose vif. *Dicentra formosa* (40 cm) est rouge avec 'Adrian Bloom', rose comme 'Spring Morning' ou rose et tout petit (25 cm) comme 'Bountiful'. *Dicentra eximia* est rose, rouge ou blanc.

Orientation

Mi-ombre, à l'abri des vents froids.

Terre

Terreau universel.

Plantation

Au cours de l'été ou au début de l'automne, en compagnie d'autres plantes d'ombre légère.

Arrosages

Réguliers pendant la végétation.

Soins

Couper les hampes florales quand elles sont défleuries pour susciter une seconde floraison. Pailler à l'arrivée de l'hiver pour protéger la plante du froid. Surfacer de compost, de tourbe et d'engrais lent au printemps.

Multiplication

Par division des touffes en été si la plante a pris beaucoup d'importance, mais attention à ne pas abîmer les racines qui sont fragiles (et comme les dicentras ont un peu de mal à s'installer, il vaut peut-être mieux acheter de nouveaux plants).

Dryopteris et *Polypodium vulgare* Fougère

Il existe une infinité de fougères, le plus souvent tropicales, mais certaines, rustiques, se plaisent sous notre climat en situation ombragée et dans une terre bien drainée. Il faut essayer d'acclimater une ou deux espèces sur le balcon, car rien n'est plus joli que l'association de fougères et de fleurs d'ombre, le vert des premières rehaussant les couleurs des secondes.

La plus courante, parce qu'elle est belle et résistante, est *Dryopteris filix-mas* ou fougère mâle. Ses frondes (tiges de feuilles) vert foncé montent à 1 m. Bien fournie, elle demande un grand pot avec un bon drainage de fond. Beaucoup plus basse, *Polypodium vulgare* s'étale plus, son feuillage est persistant jusqu'à la fin de l'hiver (surtout 'Macrostachyon') et elle supporte les situations doucement ensoleillées. Si elles s'installent bien sur votre balcon, ces fougères ne demandent que des arrosages réguliers pendant la belle saison.

Vivace

Rustique

Ombre et mi-ombre

Terreau universel

Feuillage très décoratif

Orientation

Ombre et mi-ombre.

Terre

Terreau universel avec cailloux pour *Polypodium vulgare*, terreau universel pour *Dryopteris*.

Plantation

En mars-avril. Enterrer à peine *Polypodium vulgare* et le fixer avec des galets s'il a tendance à se déraciner. Bien soigner le drainage de fond (les fougères détestent l'humidité stagnante).

Arrosages

Bien réguliers pendant la pleine végétation, rares en hiver (avec une eau sans calcaire pour *Polypodium vulgare*).

Soins

Au printemps, surfacer de compost et tourbe. Protéger les pieds en hiver avec de la tourbe et les feuilles de fougères que vous aurez coupées au fur et à mesure de leur dessèchement (si vous avez une cheminée, ne jetez pas le feuillage des fougères : les cendres des frondes brûlées font un excellent engrais phosphaté, tout comme la cendre de bois).

Multiplication

Par division des touffes en avril-mai.

Erica
Bruyère

Plante arbustive

Persistante

Rustique

Parfumé

Blanc, rose, pourpre

Toute l'année

Soleil ou mi-ombre

Terre de bruyère

Floraison étagée très gaie

Rien n'est plus gai que ces tout petits arbustes robustes et légèrement odorants qui fleurissent par temps froids et même sous la neige. Rien n'est plus beau en mars que la bruyère arbustive dont les fleurs blanches ont un parfum de miel.

Pour une longue floraison hivernale (décembre à mars) en jardinière, on peut choisir *Erica carnea* 'Springwood White' et 'Springwood Pink', blanche et rose, ou 'Elleen Porter', rouge. Ou bien parmi les *Erica* x *Darleyensis* qui sont plus hautes, 'Ghost Hills', rose soutenu, 'Arthur Johnson', rose pâle, 'Silberschmelze', blanche.

En climat doux, il faut aussi tenter d'apprivoiser la bruyère arborescente dans un grand bac. *Erica arborea* 'Alpina' fleurit blanc début mars de façon spectaculaire.

Quant aux bruyères d'été, elles ne détestent pas la sécheresse. Choisir *Erica vagans* 'Saint Keverne', rose et compacte, ou 'White Rocket', blanche et vigoureuse.

Orientation
Soleil ou mi-ombre.

Terre
Terre de bruyère enrichie de 1/4 de volume de compost. Pas trop de compost pour la bruyère arborescente.

Plantation
À l'automne, tremper la motte 10 minutes dans un seau d'eau avant de planter.

Arrosages
Réguliers surtout la première année de plantation. Laisser pratiquement au sec les bruyères arborescentes à la fin de l'été. Les bruyères d'été supportent bien la sécheresse.

Soins
Surfacer de compost et de tourbe les bruyères d'hiver après la floraison. Surfacer en automne avec moins de compost la bruyère d'été, et la bruyère arborescente qu'il faut pailler en hiver.

Taille
Légère après la floraison pour les bruyères d'hiver. Raccourcir plus nettement les rameaux les plus longs de la bruyère arborescente après la floraison. Si le gel grille cet arbuste, rabattre les rameaux gelés jusqu'à la partie saine dès que le froid est passé. Pour les bruyères d'été, au début du printemps, couper près de leur base tous les rameaux qui ont fleuri l'été précédent.

Eschscholzia californica
Pavot de Californie

L'extrême légèreté de la fleur du pavot de Californie n'a d'égal que celle du cosmos ou du lin. Ce petit pavot (30 cm) aux coloris très vifs envahira en moins de deux mois la jardinière où vous l'aurez semé et comblera rapidement les vides laissés par des plantes plus précoces. Si vous échelonnez le semis, il illuminera le balcon jusqu'aux gelées. Choisissez ce pavot en fleurs simples ou semi-doubles, dans une unité de couleur ou en mélange : 'Varié Extra' est semi-double et en mélange, 'Brillant' est simple et en mélange, 'Dalli' est simple et rouge.

Annuelle

Blanc, jaune, orange, rouge, carmin

Juin à octobre

Soleil

Terreau universel

Un semis qui marche toujours

Orientation
Soleil.

Terre
Terreau universel.

Plantation
Semer d'avril à août tous les 15 jours pour voir se prolonger la floraison. Recouvrir à peine les graines et éclaircir après la levée tous les 15 cm.

Arrosages
Réguliers et légers.

Soins
Supprimer les fleurs fanées, sauf quelques-unes pour laisser la plante se ressemer d'elle-même. Donner un engrais liquide « coup de fouet » tous les 15 jours pendant la pleine végétation.

Euphorbia polychroma

Vivace

Rustique

Persistante

Toxique

Jaune, plus rarement rouge

**Mars à août
selon les variétés**

Soleil de préférence

Terreau universel

Un jaune absinthe lumineux

Euphorbia
Euphorbe

Un seul grand pot d'euphorbes donne sa personnalité à tout un balcon. Elles sont remarquables en contrepoint jaune tilleul à un jardin vert ou en association avec les iris, narcisses et vivaces rampantes qui fleurissent en même temps qu'elles.

Pour une floraison précoce (mars/avril), assez tapissante, bien étoffée, choisissez *Euphorbia polychroma* (40 cm), très jolie en jardinière. *Euphorbia amygdaloides* 'Robbiae' est un peu plus haute et tardive (mai/août). Elle envahit vite l'espace, ce qui peut poser un problème de concurrence si elle pousse en compagnie d'autres plantes. *Euphorbia* x *martinii* est encore plus haute, jaune elle aussi, mais ponctuée d'une fine tache rouge au cœur de chaque fleur. *Euphorbia characias* monte jusqu'à 1 m. Toutes deux sont superbes, isolées dans une jarre. Attention cependant à leur toxicité : le latex secrété par la plante est irritant pour la peau. Apprenez aux enfants à ne pas cueillir les euphorbes.

Orientation

Soleil de préférence mais *Euphorbia amygdaloides* 'Robbiae' pousse aussi à l'ombre.

Terre

Terreau universel.

Plantation

En automne de préférence, dans une jardinière confortable ou un grand pot.

Arrosages

Très modérés et pas plus d'une fois par semaine pendant la période de végétation.

Soins

Surfacer au début du printemps d'un mélange de compost, de tourbe et d'engrais lent. Supprimer les inflorescences quand elles deviennent brunes et sèches.

Multiplication

Par division des touffes en automne pour les petits sujets ; les grandes euphorbes n'aiment pas être déplacées.

Exochorda
Exochorda

Exochorda x *macrantha* 'The Bride'

Arbuste

Rustique

Caduc

Blanc

Avril-mai

Soleil

Terreau universel

Joli port pleureur

On ne sait trop pourquoi, mais certaines plantes sont méconnues alors qu'elles sont belles, rustiques et fidèles. C'est le cas de l'exochorda qui fleurit abondamment, dès avril, sur de longs rameaux à port pleureur très gracieux. Son feuillage ombrera légèrement les plantes qui, à son pied, ne souffriront pas d'un soleil trop brûlant. *Exochorda* x *macrantha* 'The Bride', relativement petit (1,50 m), est tout à fait indiqué en bac où il prospérera de longues années.

Orientation
Soleil et à l'abri du vent.

Terre
Terreau universel.

Plantation
En automne de préférence. Soigner particulièrement le drainage du bac.

Arrosages
Régulièrement en cours de végétation.

Soins
En fin d'été, surfacer le bac avec un mélange de compost, de tourbe et de poudre de roche

Taille
Après la floraison, couper ras les rameaux trop fins ou mal placés.

Festuca gautieri

Festuca
Fétuque

Graminée vivace

Rustique

Persistante

Soleil

Terreau universel

Fins coloris

Le feuillage effilé des fétuques prend de si belles couleurs qu'il serait dommage de ne pas en installer quelques pieds dans un jardin vert ou un jardin sec. La plante n'est pas haute (30 cm) mais se développe en arrondi souple bien étoffé. Des épis légers apparaissent à partir de mai. On peut les couper si l'on préfère favoriser le feuillage. Choisir *Festuca amethystina* au feuillage persistant, bleuté et duveteux, ou *Festuca glauca*, beaucoup plus bleue et très séduisante.

Orientation
Soleil.

Terre
Terreau universel.

Plantation
En septembre ou au printemps, tous les 20 cm, dans des pots au bon drainage de fond.

Arrosages
Modérés.

Soins
Couper les épis dès leur apparition pour garder sa densité à la plante. Surfacer de compost et tourbe au printemps.

Multiplication
Par division des touffes en automne ou au printemps.

Forsythia
Forsythia

Une floraison éblouissante sur le bois nu en fin d'hiver, une grande simplicité de culture et une parfaite rusticité ont rendu cet arbuste vigoureux très populaire. Sur le balcon, le forsythia illumine le mois de mars et reste gracieux et léger jusque tard dans la saison.

'Marée d'Or' est un buisson de forme assez rampante qui convient à la culture en bac. Il est un des premiers à fleurir. 'Week End' grimpe à 1,50 m. Si votre forsythia est devenu assez vigoureux, vous pouvez couper pas trop long quelques branches aux boutons peu ouverts pour faire un bouquet à l'intérieur de la maison.

Arbuste

Rustique

Caduc

Jaune vif

Mars

Soleil ou mi-ombre

Terre à rosiers

Floraison flamboyante en mars

Orientation
Le soleil de préférence ou la mi-ombre.

Terre
Terre à rosiers avec une couche de compost au fond.

Plantation
À l'automne de préférence, dans un bon bac. Soigner le drainage de fond.

Arrosages
Réguliers et assez copieux à la belle saison ; beaucoup plus espacés en hiver.

Soins
Tous les ans à l'automne, surfacer d'un mélange de compost, de tourbe et de poudre de roche.

Taille
Après la floraison et quand l'arbuste a pris de l'ampleur, rabattre jusqu'à 15 cm du sol quelques branches pour favoriser la floraison de l'année suivante. Si l'on veut privilégier un port bien droit, tailler tous les ans après la floraison une pousse qui a fleuri sur deux, à une pousse de sa base.

Fuchsia
Fuchsia

Fuchsia magellanica
Fuchsia arbustif

Arbuste • Rustique • Caduc • Rouge, et bicolore rouge et violet • Juillet à octobre • Soleil et mi-ombre • Terre à rosiers • Fleur singulière et longue floraison

Si vous aimez la fleur très particulière du fuchsia, choisissez *Fuchsia magellanica* var. *gracilis*, rouge. Il fleurira votre balcon abondamment. Son port est assez léger et il ne dépasse pas 1,50 m.

Fuchsia hybride

Arbuste • Rustique en climat doux • Rouge, orange, bicolore rouge et violet, rouge et rose, rouge et blanc • Ombre et mi-ombre • Terreau universel • Plante d'ombre, de longue floraison

Le fuchsia hybride ne se distingue du fuchsia arbustif que par sa petite taille et sa faible rusticité. Il fleurit aussi longtemps et se plaît plus volontiers que le premier en situation ombragée.

Fuchsia magellanica

Orientation Soleil ou mi-ombre.

Terre Terre à rosiers avec une couche de compost au fond.

Plantation En mai-juin, dans un grand pot. Soigner le drainage de fond.

Arrosages Réguliers en saison.

Soins Au printemps et en automne, surfacer de compost, de tourbe et de poudre de roche. Donner un engrais liquide pendant la pleine végétation.

Taille Au printemps, quand les nouvelles pousses sortent de terre, tailler les branches mortes à ras.

Fuchsia hybride

Orientation Mi-ombre et ombre.

Terre Terreau universel avec de la poudre de roche.

Plantation En mai, en conteneur moyen.

Arrosages Réguliers en saison. Arrêter après la chute des feuilles.

Soins Donner un engrais liquide tous les 15 jours quand la reprise est faite. Bien pailler à l'entrée de l'hiver avec du compost et si possible de la cendre de bois.

Taille Rabattre la plante en novembre après la première gelée.

Galanthus
Perce-neige

Il faut avoir vécu à la campagne pour s'émouvoir de la sortie de ce bulbe modeste dès janvier et dans le froid. En écho, on peut installer un pot de perce-neige bien en vue dans l'encadrement d'une fenêtre, en compagnie de scilles de janvier. Leurs clochettes blanches striées de vert éclaireront les journées grises de l'hiver. *Galanthus nivalis* est le plus hâtif : il fleurit fin janvier. *Galanthus elwesii* attend la fin février mais il est plus fort et plus haut.

Bulbe

Rustique

Blanc

Janvier à mars

Ombre et mi-ombre

Terre à rosiers

Extrême précocité

Orientation
Ombre et mi-ombre.

Terre
Terre à rosiers.

Plantation
Fin août, enterrer les bulbes à 5 cm de profondeur et assez serrés.

Arrosages
Réguliers à partir de la sortie des pousses. Veiller à garder un peu d'humidité à la terre au cours de l'été.

Soins
Faire un apport d'engrais lent au départ de la végétation.

Multiplication
Attendre au moins quatre ans pour diviser les touffes juste après la floraison et faire de nouvelles potées.

Pelargonium zonale 'Century Violet'

Vivace dans le Midi

Non rustique

Blanc, rose, rouge, mauve

Juin à novembre

Toutes expositions, soleil de préférence

Terreau universel

Grande robustesse

Géranium et pélargonium

Pelargonium Géranium-pélargonium

La qualité essentielle des pélargoniums, c'est leur robustesse et leur indéfectible capacité à fleurir. Ils sont si populaires qu'il suffit de signaler qu'ils sont à fleurs simples ou doubles, que certains ont un feuillage panaché de blanc, que d'autres, qu'on appelle *Pelargonium zonale*, ont des feuilles cernées d'une zone plus sombre, et que si l'on veut fleurir sans souci une rambarde, les géraniums-lierre conviennent parfaitement. Une mention spéciale pour certains pélargoniums, exceptionnels pour le parfum de leur feuillage. En hiver, on peut ne pas les rentrer, pour ne pas trop les affaiblir.

Pelargonium tomentosum et 'Grey Lady Plymouth' sentent la menthe, *P.* 'Clorinda' l'eucalyptus, *Pelargonium abrotanifolium* le pin, 'Prince of Orange' l'orange, *Pelargonium radula* le citron vert et *Pelargonium capitanum* la rose.

Orientation

Toutes, avec une préférence pour le soleil.

Terre

Terreau universel.

Plantation

En mai après les gelées dans des pots de bonne taille.

Arrosages

Assez abondants en cours de floraison.

Soins

Surfacer au printemps d'un mélange de compost, de tourbe et d'engrais lent. Pincer les premières fleurs pour favoriser une plus ample floraison et couper les fleurs fanées au fur et à mesure. Apporter un engrais liquide « coup de fouet » tous les 15 jours pendant la pleine végétation.

Si on dispose d'une cave fraîche, on peut rentrer les potées en novembre après avoir raccourci les pélargoniums de moitié ; on les ressort en mai pour les rempoter dans une terre entièrement renouvelée.

S'ils sont en situation bien protégée, on peut préférer envelopper pot et plante d'un voile de jardinage au début de l'hiver et isoler le pot du sol en le posant sur une petite plaque de bois ou de polystyrène. Couper d'un tiers ou de la moitié toutes les tiges en mai.

Geranium
Géranium vivace

Aussi éloignés que possible des géraniums-pélargoniums, d'abord parce qu'ils sont rustiques, ensuite parce que leur aspect est totalement différent, les géraniums vivaces font merveille sur un balcon. Ils s'épanouissent dès juin en une profusion de fleurs délicates aux tonalités rares, au-dessus d'un très beau feuillage large et découpé qui prend souvent des teintes rousses en automne. Quand on a commencé à acclimater cette plante sur un balcon, on ne s'en passe plus : basse, elle tapisse une jardinière en compagnie de plantes plus hautes ; plus grande, elle fait un décor à elle seule dans un bon pot, ou retombe en masse au-dessus d'une rambarde ; encore plus haute, elle s'adosse à une grimpante à feuillage décoratif qui lui sert de support et qu'elle fleurit avec légèreté.

Parmi les innombrables espèces existantes, on peut choisir :

Pour les plus basses (entre 20 et 40 cm) : *Geranium subcaulescens* x 'Russel Prichard', rose de juin à novembre ; *Geranium*

Vivace

Rustique

Blanc, rose, carmin, bleu

Juin à novembre selon les variétés

Toutes expositions

Terreau universel

Vivace naturelle magnifiquement colorée

Orientation

Toutes, mais préférence pour le soleil, surtout pour les petites variétés.

Terre

Terreau universel.

Plantation

À l'automne de préférence dans des conteneurs de bonne taille (sauf pour les géraniums tapissants).

Arrosages

Réguliers en cours de végétation.

Geranium x *himalayense* 'Johnson's Blue'

sanguineum, pourpre ou blanc de juin à septembre ; *Geranium platypetalum* ou *magnificum*, bleu d'outremer en juin et juillet ; enfin le merveilleux *Geranium* x *himalayense* 'Johnson's Blue', qui fleurit bleu doux en juin et juillet.

Pour des variétés plus hautes (entre 50 et 80 cm) : *Geranium nodosum*, lilas, et *Geranium phaeum*, pourpre, qui supportent très bien l'ombre ; *Geranium psilostemon* ou *armenum,* rose à cœur noir de juin à août ; *Geranium pratense* 'Mrs Kendall Clark', bleu mauve veiné de blanc en juin (à tuteurer) ; *Geranium renardii*, blanc veiné de pourpre au feuillage argenté magnifique en pot, et le plus grand de tous, *Geranium procurrens* (1,50 m), rose pourpré, tardif, à faire monter contre un support ou une grimpante.

Il faut aussi mentionner deux géraniums qui fleurissent parfaitement à l'ombre : *Geranium maculatum* (60 cm), lilas, dès avril, et *Geranium sylvaticum*, blanc, dès mai, avec un feuillage vert argent.

Soins

Au printemps surfacer avec un mélange de compost, de tourbe et d'engrais lent.

Taille

Couper les inflorescences fanées au fur et à mesure. Rabattre court les tiges florales après la première floraison pour en susciter une seconde.

Multiplication

En automne, quand la plante a pris de l'ampleur, diviser les touffes. C'est aussi une nécessité pour que les géraniums gardent leur robustesse.

Hebe

Véronique en arbre

(à ne pas confondre avec *Veronica*, la véronique herbacée décrite p. 181)

Hebe 'Midsummer Beauty'

Arbuste (jusqu'à 1 m)

Rustique en climat doux

Persistant

Blanc, bleu, rose

Soleil

Terreau universel

Un air de santé en automne

La véronique en arbre fait partie de ces plantes familières, précieuses pour leur capacité à braver l'automne et le début de l'hiver. Une jardinière de petites *Hebe* est toujours un plaisir pour les yeux à une époque où le balcon commence à se dégarnir. Nous privilégions ici les véroniques de fin de saison, de préférence à celles de printemps et d'été, qui ont beaucoup plus de concurrence. Choisir *Hebe* x *franciscana* 'Variegata' (80 cm), violet pâle au feuillage panaché de blanc, et 'Autumn Glory', bleu pourpre, ou 'Blue Gem', plus compacte.

Orientation

Soleil, à l'abri des vents froids.

Terre

Terreau universel.

Plantation

En fin d'été, dans de grands pots au bon drainage de fond pour les formes hautes.

Arrosages

Réguliers pendant toute la végétation.

Soins

Faire un surfaçage de compost, de tourbe et d'engrais lent au printemps. Supprimer les épis fanés au fur et à mesure. Pailler en hiver pour protéger l'arbuste du froid.

Taille

Au printemps, attendre l'apparition des nouvelles pousses pour rabattre au ras les branches trop longues ou frêles, et celles qui ont gelé.

Hedera
Lierre

À la campagne, le lierre n'a pas bonne réputation : si on ne le surveille pas, il est capable de mettre à bas tout ce à quoi il s'accroche. En ville, on peut l'apprivoiser sans souci parce que, dans un pot ou un bac, il sera de toute façon beaucoup moins vigoureux.

Si vous voulez, en toutes saisons, verdir une façade un peu nue ou donner un fond permanent aux fleurs qui se succèdent dans votre jardinière, vous avez l'embarras du choix entre les lierres grimpants ou tapissants, à petites ou grandes feuilles, vert uni ou panachés. Choisissez-les plutôt à petites feuilles pour les jardinières. Les lierres panachés éclairent bien les coins un peu sombres. *Hedera helix* 'Glacier', vert légèrement ourlé de blanc, est vraiment très beau, de même que *Hedera helix* 'Goldheart', vert foncé à cœur jaune. Les tons unis d'un lierre d'Irlande vigoureux adoucissent les façades nues à exposition plus lumineuse ou font de très bons écrans palissés contre un treillage.

Grimpante et tapissante

Vivace

Persistant

Feuilles vertes ou panachées

Toutes les orientations

Terreau universel

Robustesse à toute épreuve

Orientation
Toutes.

Terre
Terreau universel.

Plantation
Au printemps ou à l'automne.

Arrosages
Juste de façon à ne pas laisser sécher la terre.

Soins
Surfacer de compost et de tourbe à l'automne et au printemps. Y mêler une fois par an de la corne torréfiée.

Multiplication
Vous verrez que le lierre se bouture de lui-même si vous laissez une pousse du pied mère prendre racine en terre à ses côtés. Il suffit de le couper et de le planter dans une nouvelle potée quand il aura bien développé ses racines.

Helianthemum
Hélianthème

Helianthemum 'Laurenson's Pink'

L'hélianthème est un petit arbrisseau de 15 à 30 cm qui, comme son nom l'indique, aime le soleil. Il s'épanouit dès mai en une succession de fleurs éphémères qui se renouvellent jusqu'en août sur fond de feuillage gris-vert qui atteste de sa résistance à la sécheresse.

Pour une longue floraison, choisissez : *Helianthemum nummularium* 'Jubilee' jaune. 'Wisley Pink' est rose à centre délicatement orange, 'Wisley White', blanc, 'Wisley Primrose', jaune pâle, 'Fire Dragon', orange foncé et 'Suprême', carmin.

Vivace

Rustique

Quasi-persistant

Blanc, jaune, orange, carmin

Mai à août

Soleil

Terreau universel

Légèreté, beauté des coloris, résistance à la sécheresse

Orientation
Soleil.

Terre
Terreau universel.

Plantation
Au printemps dans un pot bien drainé (l'hélianthème déteste l'eau stagnante).

Arrosages
Modérés.

Soins
Au printemps, surfacer de compost, de tourbe et d'engrais lent.

Taille
Après la floraison, rabattre d'un tiers la plante pour développer sa rusticité et favoriser une remontée en automne.

Helleborus atrorubens

Vivace

Rustique

Persistante

Blanc, vert chartreux, jaune, rose, prune

Novembre à mars suivant les variétés

Ombre ou mi-ombre

Terreau universel

Une jolie fleur à la fin de l'hiver

Helleborus Hellébore ou rose de Noël

Comme le perce-neige, la rose de Noël ne craint ni le froid, ni la neige. C'est une des meilleurs plantes de fin d'hiver, qu'on peut associer avec les premiers bulbes de printemps. Ses fleurs relevées de grandes étamines jaunes sont fascinantes et le feuillage, du vert-gris au vert foncé, persistant, étoffera les jardinières de printemps. D'une hauteur moyenne de 40 à 60 cm, les hellébores fleurissent entre novembre et mars selon les variétés.

Ce sont les *Helleborus niger* qui viennent en premier, avec 'Praecox' dès novembre. Elles sont blanches teintées de rose ou de vert. *Helleborus foetidus*, vert clair bordé de brun, apparaît de janvier à mars. Puis, entre février et mars, c'est le tour de *Helleborus orientalis*, prune, blanc, rose, jaune maculé de pourpre. De mars à avril, la dernière, *Helleborus argutifolius* ou *corsicus*, s'épanouit en inflorescences vert chartreux ou jaune.

Orientation
Ombre ou mi-ombre.

Terre
Terreau universel.

Plantation
Au printemps ou en automne, dans des jardinières moyennes ou des pots larges et pas trop hauts. Soigner le drainage de fond : les hellébores n'aiment pas l'humidité stagnante.

Arrosages
Réguliers et légers pendant la floraison, très modérés en été.

Soins
Surfacer de compost tourbe et d'engrais lent après la floraison.

Helxine
Helxine

Aussi belle à l'intérieur que dehors, cette plante persistante au minuscule feuillage vert tendre se plaît en climat doux. Les microclimats, fréquents en ville, lui permettent de prospérer aussi au nord de la Loire. Les hivers rigoureux, pourtant, l'attaquent sévèrement mais elle doit en principe repartir au printemps. Réservez-lui un emplacement bien protégé du vent et donnez-lui une forme arrondie, en calant son pot un peu en hauteur dans un pot plus grand d'où elle retombera en boule.

L'helxine, parfaite dans un jardin vert, peut très bien remplacer le buis, si long à pousser, et si l'on en tapisse un grillage souple, prendre toutes les formes qu'on lui aura donné. Elle existe aussi panachée d'argent ('Argentea') ou à feuillage doré ('Aurea').

Vivace (surtout en climat doux)

Semi-rustique

Persistante

Mi-ombre ou ombre

Terreau universel

Grande finesse

Orientation
Ombre et mi-ombre à l'abri du vent.

Terre
Terreau universel.

Plantation
En avril et mai avec un bon drainage de fond.

Arrosages
Très réguliers au printemps et en été, beaucoup plus espacés et légers pendant la mauvaise saison.

Soins
Au printemps, surfacer de compost et de tourbe. Donner deux à trois fois en saison un peu de sang desséché. Effeuiller régulièrement les feuilles sèches, dessus et dessous.

Si vous l'avez installée dans un pot à l'intérieur d'un autre plus grand, à l'approche de l'hiver, comblez les vides du grand pot avec du plastique-bulle et paillez de tourbe le pied de la plante : vous l'aiderez ainsi à se protéger du froid.

Hibiscus syriacus
Hibiscus ou althéa

Très début de siècle, cet arbuste est un peu oublié. Est-ce parce qu'il attend le mois de mai pour verdir ? Il faut l'essayer en forme libre ou sur tige pour tomber sous le charme de ses grandes fleurs en corolles qui s'épanouissent à la fin de l'été. Son seul défaut : il n'aime pas les grosses pluies.

'William R. Smith' est blanc, 'Hamabo' fleurit rose strié de rouge, 'Pink Giant' rose à cœur plus foncé. 'Woodbridge' est rouge, 'Oiseau Bleu' et 'Russian Violet' sont bleu-mauve.

Arbuste (2 m)

Rustique

Caduc

Blanc, rose, rouge, bleu

Août-septembre

Soleil

Terre à rosiers

Arbuste de fin d'été

Orientation
Au soleil mais à l'écart des murs chauds.

Terre
Terre à rosiers avec une couche de compost au fond.

Plantation
Au printemps dans un bon bac ou un grand pot. Veiller au drainage de fond.

Arrosages
Réguliers en pleine végétation.

Soins
Surfacer au printemps et en automne d'un mélange de compost, de tourbe et de poudre de roche. Donner un engrais liquide « coup de fouet » tous les 15 jours pendant la pleine végétation. Pailler le pied à l'entrée de l'hiver.

Taille
Au printemps, si vous voulez favoriser la floraison, tailler tous les rameaux à 3/4 bourgeons de la base, sauf quelques-uns qu'on taille beaucoup plus légèrement pour laisser de la hauteur à l'arbuste. Si l'on préfère un arbre sur tige, mieux vaut l'acheter déjà formé car cette forme demande du temps pour devenir assez haute.

Hosta
Hosta

Les hostas sont aussi précieuses que les fougères pour créer un jardin d'ombre. Leur variété permet des compositions de verts très nuancées et décoratives. Rustiques, elles s'établissent bien en pots et pour de longues années pourvu qu'on ne les dérange pas. C'est leur feuillage large, nervuré, panaché ou non, qui est intéressant. La fleur à hampe blanche ou pourpre est un peu raide et maigre. On peut la supprimer pour garder à la plante son esthétique.

Choisissez en fonction du feuillage et pour une hauteur qui ne dépasse pas 60 cm : *Hosta fortunei* (60-80 cm), gris-vert, profondément veinée. Sa variété 'Aureomarginata' est bordée de jaune ; 'Albopicta' est vert-jaune en début de saison, virant au vert-bleu à la floraison. *Hosta sieboldiana* (60 cm) est vert moyen à larges feuilles brillantes et bien nervurées. *Hosta elata* forme un dôme de feuilles montant à 80 cm, vert foncé à bords légèrement ondulés. *Hosta crispula* (60 cm) est vert foncé à feuilles larges très nettement ourlées de blanc.

Hosta 'Undulata'

Vivace

Rustique

Ombre et mi-ombre

Terreau universel

Un nuancier de verts

Orientation
Ombre et mi-ombre.

Terre
Terreau universel.

Plantation
En mars ou en automne dans de grands pots au bon drainage de fond.

Arrosages
Réguliers pour garder une légère humidité à la terre.

Soins
En mars, surfacer de compost et de tourbe et donner une poignée de sang desséché deux à trois fois en pleine végétation.

Mutiplication
En mars par division des touffes, mais seulement quand la plante a véritablement besoin d'être desserrée.

Humulus lupulus 'Aureus'

Humulus
Houblon

Grimpante

Annuelle ou vivace

Feuillage doré ou panaché

Soleil et mi-ombre

Terreau universel

Beauté du feuillage, croissance rapide

On ne pense pas assez au houblon pour verdir sa terrasse ou son balcon, alors que le feuillage doré de cette grimpante est exceptionnel et donne une jolie alternative à la vigne-vierge.

Le houblon pousse très rapidement et éclaire particulièrement bien les lieux semi-ombragés. C'est un excellent écran au vent. Il supporte aussi très bien la sécheresse. Choisissez de préférence *Humulus lupulus* 'Aureus', à feuilles dorées. Il est vivace. *Humulus japonicus* se cultive comme annuelle mais il est moins grand. 'Aureus' est doré lui aussi. 'Variegatus', quant à lui, est panaché vert et blanc.

Orientation
Soleil ou mi-ombre.

Terre
Terreau universel.

Plantation
Au printemps, un plant dans un grand pot. Soigner le drainage de fond. *Humulus japonicus* se cultive en annuelle (semer au printemps).

Arrosages
Réguliers mais sans excès pendant la période de végétation.

Soins
Quand le houblon aura pris un peu de force, couper à 8-10 cm l'extrémité des jeunes pousses pour l'aider à s'étoffer. Palisser le houblon sur un treillage, il s'y accrochera plus facilement. Surfacer de compost et de tourbe en automne, adjoindre un engrais lent au surfaçage de printemps.

Taille
Rabattre les vivaces en début de saison.

Hyacinthus
Jacinthe

Pour un balcon, on a le choix entre *Hyacinthus orientalis*, la plus grosse, plus jolie si l'on en cultive cinq ou six en potée basse isolée, et *Hyacinthoides non-scripta* ou *Endymion non-scriptus*, la jacinthe des bois, plus gracile et donc plus facile à associer à d'autres plantes qui fleurissent en même temps qu'elle.

Hyacinthus (et *Euphorbia myrsinites*)

Hyacinthus orientalis

Le choix est grand mais on peut se décider pour 'Perle Brillance', bleu ciel, 'L'Innocence', blanc pur, 'Atlantic' ou 'Delft Blue,' à l'intense coloris bleu soutenu.

Bulbe • Peu rustique • Blanc, jaune, bleu, violet, rose et rouge • Mars à mai • Soleil et mi-ombre • Terreau bien drainée • Parfum entêtant

Hyacinthoides non-scripta ou *Endymion non-scriptus* ou jacinthe des bois

Cette jacinthe est beaucoup moins massive que la précédente. Sa grande rusticité (elle peut rester en terre sans problème) et le bleu profond de ses clochettes légères nous la font préférer de loin à la jacinthe des fleuristes.

Bulbe • Rustique • Bleu • Mars et avril • Ombre lumineuse • Terre de bruyère • Grande rusticité, fleur légère au bleu magnifique

Hyacinthus orientalis

Orientation Soleil ou mi-ombre.

Terre 1/3 de terreau universel, 1/3 de compost, 1/3 de perlite ou vermiculite.

Plantation Planter en octobre, la pointe vers le haut, à 10 cm de profondeur, tous les 12 cm.

Arrosages Réguliers à partir du début de la végétation. Réduire très nettement quand la plante est fanée.

Soins Supprimer les fleurs fanées. Donner un engrais lent en début de végétation. Arracher lorsque les feuilles ont jauni et les garder au sec dans l'obscurité. Replanter en automne.

Hyacinthoides non-scripta

Orientation Ombre lumineuse.

Terre 3/4 du volume de terre de bruyère, 1/4 de compost.

Plantation Dès l'automne, planter à 6 cm de profondeur, assez rapprochés.

Arrosages Réguliers et légers au départ de la végétation et jusqu'à ce que la plante fane. Très réduits ensuite.

Soins Faire un apport d'engrais lent au départ de la végétation. Gardez la plante en place et elle refleurira chaque année.

Multiplication Par prélèvement des jeunes bulbes après la floraison.

Hydrangea macrophylla serrata

Hydrangea
Hydrangea

Les hortensias qui couvrent en Bretagne toute la hauteur des murs auxquels ils s'adossent sont merveilleux. Leur floraison est malheureusement beaucoup trop massive pour ne pas alourdir l'espace d'un balcon ou d'une petite terrasse. Mais on peut plus facilement intégrer leurs parents, les hydrangéas, qui ont des inflorescences plus légères et supportent tout aussi bien de vivre en bac. Il faut tout de même de la place pour qu'ils n'écrasent pas de leur présence le reste de la terrasse.

Arbuste

Rustique

Caduc

Blanc, rose, bleu

Juillet à octobre

Mi-ombre et ombre

Terre de bruyère

Bel arbuste de fin d'été

Choisissez de préférence :

Hydrangea paniculata

(1,50 m) qui doit son nom à la forme en grappe de ses inflorescences. Il est bien rustique, buissonnant et fleurit blanc entre août et octobre comme 'Kyushu' ou comme 'Tardiva' qui, lui, fleurit généralement à partir de septembre. 'Pink Diamond' est rose et fleurit en fin d'été.

Orientation

La mi-ombre. Et à l'abri du vent pour les *Hydrangea quercifolia*.

Terre

Terre de bruyère avec 1/4 du volume de compost.

Plantation

À l'automne de préférence, dans un grand bac en veillant au drainage de fond. Planter la motte entourée de tourbe que vous aurez humidifiée. Combler les vides avec le mélange terreux.

Arrosages

Avec de l'eau non calcaire, très régulièrement pendant la floraison.

Soins

Surfacer au printemps et en automne avec un mélange de compost, de tourbe et de poudre de roche.

Hydrangea macrophylla

Hydrangea quercifolia

(1,50 m) ou hydrangéa à feuilles de chêne. Lui aussi est un arbuste de fin d'été. Son très beau feuillage se colore de rouille en automne. Il enchante tous ceux qui pensent que les jardins de feuillages aux multiples nuances sont les plus beaux. Pour une floraison blanche dès juillet, prendre 'Snow Queen' ou 'Snowflake', qui vire au rose en août. Ses fleurs sont un peu plus enfouies dans le feuillage.

Hydrangea serrata

(1 m), un hydrangéa de montagne, très rustique et plus petit que *Hydrangea macrophylla*. Ses inflorescences sont plates ou en boule, roses ou bleues. 'Blue Bird' fleurit bleu ciel même en terre un peu calcaire. 'Rosalba' est plus bas (50 cm). Il fleurit rose ou bleu. 'Grayswood' passe du blanc au rose et au carmin. Tous fleurissent en août et septembre.

Taille

Sur une petite terrasse et pour équilibrer la masse du feuillage et des fleurs, il vaut mieux opter pour une taille légère qui ne privilégie pas trop la floraison : en mars, supprimer les branches trop fines, desséchées ou disgracieuses. Éclaircir les touffes en taillant à ras quelques vieilles branches.

Couper en octobre quelques inflorescences pour en faire des bouquets secs à seulement quelques centimetres de la fleur. Et au printemps suivant, couper les autres de la même manière. Tailler de moitié les tiges qui ont fleuri de *Hydrangea paniculata* en mars.

Pour avoir et garder des hydrangéas bleus, il faut conserver à la terre son acidité, arroser les hydrangéas toujours avec de l'eau non calcaire, et ajouter à l'eau d'arrosage une solution ferrugineuse (vendue chez les spécialistes) deux fois par semaine depuis deux mois avant la floraison et jusqu'à la fin de celle-ci. N'essayez pas de faire virer au bleu un hydréangea blanc, c'est impossible…

Hypericum 'Hidcote'

Hypericum
Millepertuis

C'est sous sa forme arbustive que le millepertuis est le plus intéressant sur un balcon. Il fleurit longuement en une masse jaune qui peut atteindre près de 2 m en tous sens comme 'Hidcote' ou, plus modestement, 1 m avec *Hypericum kouytchense* au port souple. Ils sont aussi peu exigeants l'un que l'autre et ne demandent qu'une chose : du soleil pour fleurir abondamment.

Arbuste (1,50 m)

Rustique

Semi-persistant

Jaune vif

Soleil

Juillet à octobre

Terre à rosiers

Longue floraison éclatante

Orientation
Plein soleil.

Terre
Terre à rosiers.

Plantation
À l'automne de préférence, et dans un bac avec bon drainage de fond.

Arrosages
Juste assez pour ne pas laisser la terre s'assécher.

Soins
Surfacer au printemps et à l'automne avec un mélange de compost, de tourbe et de poudre de roche.

Taille
L'hypericum fleurit sur les pousses de l'année. Il faut donc le tailler au début du printemps assez court (10 cm du sol) et supprimer les rameaux qui ont bruni au gel. On peut aussi au début de l'hiver commencer à tailler de moitié tous les rameaux pour éviter le spectacle de feuilles brûlées par le gel pendant toute la mauvaise saison.

Impatiens
Impatiente

L'interêt des impatientes, c'est leur capacité à fleurir à l'ombre, et même à l'ombre dense. Les variétés nouvelles supportent aussi le soleil, pourvu qu'elles soient très régulièrement arrosées. On peut se lasser de cette annuelle si fréquente sur les balcons, mais une grosse potée dans l'entourage d'une grimpante à feuillage décoratif est toujours très jolie. Choisissez les hybrides basses, simples, comme 'Expo', 'Orange Baby', 'Scarlet Baby' ou 'Bellizzy'… et les hybrides de Nouvelle-Guinée qui aiment le soleil. Essayez une espèce nettement plus haute et spectaculaire comme *Impatiens balsamina* qui monte à 80 cm, très compacte, et qui fleurit rose entre juin et septembre au soleil ou à mi-ombre.

Annuelle

Blanc, rose, orange, rouge, violet

Juin à octobre

Ombre, mi-ombre et soleil

Terreau universel

Des couleurs pour l'ombre

Orientation
Ombre et mi-ombre, soleil et mi-ombre pour *Impatiens balsamina*.

Terre
Terreau universel. Terre de bruyère avec 1/4 de compost pour *Impatiens balsamina*.

Plantation
En mai tous les 20 cm avec un bon drainage de fond.

Arrosages
Très réguliers mais sans excès pour éviter le jaunissement des feuilles.

Soins
Apporter un engrais liquide « coup de fouet » tous les 15 jours quand la plante est en pleine végétation.

Ipomœa volubilis

Ipomœa
Ipomée

Grimpante

Annuelle

Blanc, bleu, violet, rouge

Juillet aux gelées

Soleil

Terreau universel

Croissance très rapide

Plus couramment appelée liseron ou volubilis, l'ipomée monte en quelques semaines à l'assaut de treillages ou de tonnelles qu'elle fleurit de juillet aux gelées.

On peut planter plusieurs ipomées (chacune dans son pot, qui n'a pas besoin d'être très grand) pour un plus bel effet. Ou associer une ipomée à une grimpante à feuillage décoratif, comme le houblon ou le lierre.

Choisissez *Ipomœa volubilis* à fleurs moyennes bleues, blanches, violettes ou rouges ou *Ipomœa tricolor*, elle aussi très variée de couleurs mais à plus grandes fleurs comme 'Heavenly Blue' ou encore *Ipomœa purpura*, très pourpre. Dans le Midi, on peut aussi semer *Ipomœa coccinea* à petites fleurs rouges ou *Ipomœa hederacea*, en bleu, violet et blanc, à feuilles de lierre.

Orientation
Plein soleil.

Terre
Terreau universel.

Plantation
Début mai, semer à 4/5 cm de profondeur dans un pot de bonne taille quelques graines que vous aurez fait tremper la veille 24 h dans l'eau.

Arrosages
Réguliers et assez copieux pendant tout l'été.

Soins
Apporter un engrais liquide tous les 15 jours pendant la pleine période de végétation. Au début, aider la plante à s'accrocher à son support.

Iris
Iris

Les fleurs de l'iris font penser aux orchidées et les coloris sont si beaux et variés qu'on est bien tenté de l'acclimater sur son balcon. Évitez cependant les formes trop hautes, un peu raides en jardinière, et choisissez des iris intermédiaires rhizomateux qui ne dépassent pas 40/50 cm de haut et fleurissent en mai d'un bleu pâle très subtil ou plus soutenu, ou encore jaune comme *Iris bucharica*. Les longues feuilles de ce bulbe, dressées en forme de glaive, persistent longtemps après la floraison et feront un écran vert doux très vigoureux à d'autres plantes qui fleurissent un peu plus tard à ses côtés.

Iris bucharica

Bulbe

Rustique

Grande variété de couleurs

Mai

Soleil

Terre bien drainée

Fleur exceptionnellement belle et rustique

Orientation
Plein soleil.

Terre
1/3 de terreau universel, 1/3 de compost, 1/3 de perlite ou vermiculite.

Plantation
En juillet, disposer les racines rhizomateuses, petites pousses de feuilles en l'air, en groupe étoilé, enterrant seulement les racines et la moitié inférieure du rhizome qui profitera du soleil. Arroser pour fixer les racines en terre.

Arrosages
Légers au départ puis pratiquement inexistants au cours de l'été.

Soins
Incorporer un engrais lent au début de la végétation. Couper régulièrement les fleurs fanées et, en juillet, tailler les feuilles à 20 cm de leur base pour favoriser la naissance de nouvelles pousses.

Multiplication
Après trois ou quatre ans, on peut, en juillet, arracher les touffes et les « rajeunir » en choisissant les pousses situées aux extrémités des rhizomes. Couper la partie extérieure du rhizome avec sa petite pousse, poudrer d'un produit cicatrisant et rempoter plusieurs jeunes pousses à la fois dans une terre neuve.

Jasminum nudiflorum

Arbuste

Rustique

Caduc

Jaune vif

Novembre à février

Soleil ou ombre

Terre à rosiers

Un hiver en jaune

Jasminum
Jasmin

Nous avons sélectionné deux jasmins très différents tant par la date de floraison que par la forme.

Jasminum nudiflorum
Jasmin d'hiver

Ce jasmin est par excellence l'arbuste de la mauvaise saison. Il égaie le gris de l'hiver de ses fleurs jaune vif qui éclosent sur le bois nu au moindre redoux. À la belle saison, ses petites feuilles habillent les façades avec légèreté.

Peu exigeant, il pousse vite au soleil aussi bien qu'à l'ombre et n'a pas peur des hivers rigoureux.

En forme libre il s'arque joliment au-dessus des rambardes. Palissé contre un mur, il est parfait.

Orientation
Ombre ou soleil.

Terre
Terre à rosiers avec une couche de compost au fond.

Plantation
Au printemps ou en automne dans un bac dont on soignera le drainage de fond.

Arrosages
Réguliers pendant la période de végétation. En hiver, juste assez et hors gel pour ne pas laisser sécher la terre.

Soins
Surfacer en automne d'un mélange de compost, de tourbe et de poudre de roche. Donner en pleine saison un engrais lent (type Osmocote) pour préparer la floraison d'hiver.

Taille
Au début du printemps, supprimer les branches sèches ou mal placées. En hiver, si vous faites des bouquets avec quelques petits rameaux en début de floraison, c'est une agréable façon de tailler en même temps votre arbuste. De toute façon, tailler un peu les rameaux trop longs après la floraison et quelques rameaux âgés à ras pour rajeunir l'arbuste.

Jasminum (suite)

Jasminum officinale

Plante grimpante

Rusticité moyenne

Parfumé

Blanche

Juillet à septembre

Soleil

Terreau universel

Parfum pénétrant

Jasminum officinale Jasmin officinal

On n'imagine pas vraiment voir le jasmin odorant pousser sur les balcons au nord de la Loire et parfumer délicatement les jardins suspendus.

Pourtant, cette belle grimpante volubile et blanche s'acclimate beaucoup mieux qu'on ne croit si on la fait pousser dans un coin bien abrité et au soleil.

Orientation

Au soleil et bien à l'abri du vent.

Terre

Terreau universel.

Plantation

Au printemps dans un grand pot avec un bon drainage de fond.

Arrosages

Réguliers pendant la période de végétation.

Soins

Surfacer au printemps d'un mélange de compost, de tourbe et de poudre de roche. Donner un engrais liquide « coup de fouet » tous les 15 jours pendant la pleine végétation. Pailler soigneusement en hiver pour protéger du gel le pied du jasmin.

Taille

Pas de taille spécifique, si ce n'est pour éliminer les rameaux secs ou raccourcir ceux qui sont trop longs ou brûlés par le gel.

Lathyrus odoratus
Pois de senteur

Le pois de senteur est exceptionnel pour la poésie de sa fleur et la splendeur de ses coloris. Malheureusement, sa floraison est éphémère et il redoute le vent. Mais ce n'est pas une raison pour vous en priver : réservez-lui une place abritée et ensoleillée dans un pot évasé pour sa variété naine, plus haut et grand pour sa variété grimpante. Il s'accrochera à une grimpante voisine à feuillage décoratif, ou s'enroulera sur la rambarde du balcon.

Préférez pour leur parfum les *Lathyrus odoratus* 'Spencer' (nains et grimpants) très florifères. Les nouvelles variétés ont en effet des fleurs plus grandes mais sans parfum. Vous pouvez aussi opter pour les *Lathyrus latifolius* qui sont vivaces et de bien plus longue durée de floraison, mais il faut avouer qu'ils sont moins jolis.

Grimpant ou nain

Annuel et vivace

Parfumé

Blanc, rose, orange, rouge, pourpre, bleu

De juin à août

Soleil

Terreau universel

Fleur très délicate

Orientation
Soleil, à l'abri du vent.

Terre
Terreau universel.

Plantation
Dès fin février jusqu'en avril, semer en « poquets » de 5 à 6 graines (semées ensemble en rond et peu espacées) à 3-4 cm de profondeur (garder les deux plus jolis plants). Ou mieux : en septembre pour avoir des plants plus robustes.

Arrosages
Réguliers.

Soins
Pincer l'extrémité des jeunes pousses pour favoriser la ramification. Enlever les fleurs fanées pour qu'elles ne montent pas à graine, sauf quelques-unes qui serviront pour votre récolte de graines que vous cueillerez dans leur gousse au cours de l'été.

En pleine végétation, donner un engrais liquide « coup de fouet » toutes les semaines. Surfacer de compost et de tourbe les vivaces à l'automne.

Multiplication
Par semis, en septembre de préférence, avec les graines de votre production ou de nouvelles que vous aurez achetées.

Laurus nobilis
Laurier noble ou laurier-sauce

Bien que d'origine méditerranéenne, le laurier s'est acclimaté presque partout en France et vous pouvez facilement le faire pousser sur votre balcon. Donnez-lui un grand pot ou un bac et laissez-le libre ou donnez-lui une forme. Vous profiterez toute l'année de ses feuilles persistantes et aromatiques (que vous aurez plaisir à cueillir de temps en temps pour la cuisine). Comme il pousse lentement, on peut l'acheter pas trop petit et le planter à sa fenêtre ; il se passera plusieurs années avant que l'on soit contraint de le tailler sévèrement parce qu'il sera devenu trop gros.

Arbuste
Rustique
Persistant
Aromatique
Soleil
Terre à rosiers
Vigoureux et beau

Orientation
Soleil à l'abri du vent.

Terre
Terre à rosiers avec du compost au fond.

Plantation
Au printemps dans un grand conteneur en soignant le drainage de fond.

Arrosages
Réguliers sans excès.

Soins
Faire un surfaçage de compost, de tourbe et de poudre de roche en automne et au printemps. Donner un engrais lent (type Osmocote) en saison.

Taille
Il doit être taillé légèrement 2 à 3 fois par an les années qui suivent sa plantation pour favoriser son allure générale. Supprimer aussi les drageons (pousses nouvelles à partir d'une racine). Si vous voulez lui donner une forme ronde sur tige, laissez la branche principale se développer et coupez les pousses latérales à deux/trois feuilles de leur base. Quand la branche principale a un peu dépassé la hauteur qui vous convient, coupez celle-ci d'une dizaine de centimètres, pincer régulièrement les pousses latérales à 4-5 feuilles jusqu'à ce que la forme ronde soit bien apparente. Il est plus réaliste, bien qu'assez cher, d'acheter la plante déjà formée.

Lavandula
Lavande

Une belle touffe gris-vert qui déborde de son pot, de longs épis bleus parfumés que visitent les abeilles, même en ville, une rusticité à toute épreuve, les lavandes ont le charme des plantes méditerranéennes belles et faciles à vivre. Elles résistent parfaitement au froid au nord de la Loire et ne demandent qu'à être taillées pour bien refleurir d'année en année.

Lavandula x *intermedia* 'Dutch' est la plus grande (presque 1 m) et demande un pot important. Surveillez sa taille pour lui garder sa rusticité. *Lavandula angustifolia* 'Hidcote' est assez trapue avec un feuillage bleuté. Elle fleurit tôt d'un bleu magnifique, qui illumine un jardin vert. 'Grosso' bien bleue, est extrêmement odorante.

Arbuste buissonnant
Rustique
Persistant
Parfumé
Bleu
Juillet-août
Soleil
Terreau universel
Tout le Midi en pots

Orientation
Plein soleil.

Terre
Terreau universel avec 1/4 du volume de sable.

Plantation
Au début du printemps ou de l'automne, dans un bon pot, ou une grande jardinière en espaçant chaque pied de 40 cm. Veiller à bien drainer le fond des pots.

Arrosages
Réguliers en plein été mais relativement espacés – attendre que la terre commence à sécher –, plus espacés hors floraison et presque inexistants hors saison.

Soins
Surfacer à l'automne de compost.

Taille
La lavande fleurit plus longuement si l'on supprime au fur et à mesure les épis fanés. Après la floraison, conservez-lui sa forme en boule en raccourcissant légèrement le feuillage. Mais il faut rabattre plus nettement *Lavandula* x *intermedia* 'Dutch' qui est moins rustique.

N'oubliez pas de faire avec les épis récoltés des sachets parfumés pour les placards de la maison.

Lavatera
Lavatère

Lavatera olbia

Lavatera arborea
Lavatère arbustive

Sous sa forme arbustive, encore trop peu utilisée, la lavatère est un buisson gracieux qui dresse ses rameaux jusqu'à 2 m de haut. Plantée au soleil, elle pousse très vite et se couvre de fin juin jusqu'aux gelées de corolles roses ou blanches sur une bonne moitié de chaque branche. Ses feuilles sont larges et arrondies, légèrement duveteuses. Elle demande peu d'attention si ce n'est, en hiver, une protection contre l'humidité et une situation relativement abritée. Taillez-la soigneusement pour la voir refleurir chaque année.

Choisissez *Lavatera olbia* 'Rosea', à feuilles gris-vert et fleurs rose vif, bien vigoureuse, ou 'Burgundy' à fleurs rouge carmin. Ou *Lavatera thuringiaca* 'Barnsley', blanc rosé à cœur plus foncé, vigoureuse elle aussi.

Arbuste

Moyennement rustique

Caduc

Blanc, rose

Juin à octobre

Soleil

Terre à rosiers

Très longue et charmante floraison

Orientation
Soleil à l'abri des coups de vent.

Terre
Terre à rosiers.

Plantation
Au début du printemps dans un grand pot ou un bac soigneusement drainé au fond.

Arrosages
Réguliers mais modérés.

Soins
À l'automne, surfacer de compost. Protéger la lavatère de l'humidité hivernale.

Taille
Avant fin octobre, tailler la partie des rameaux ayant fleuri et rabattre d'un tiers l'ensemble de l'arbuste. Au début du printemps, tailler à 10 cm du sol toutes les grosses branches pour favoriser de nouvelles pousses florifères.

Lavatera trimestris ou *Lavatera rosea* Lavatère à grandes fleurs

Annuelle

Rustique

Rose ou blanche

Juillet à octobre

Soleil

Terreau universel

Vigueur et poésie

Tout aussi gracieuse et florifère, *Lavatera trimestris* fleurit sans faiblesse tout l'été en corolles roses finement veinées de carmin ou blanches sur un feuillage vert mat, large et légèrement duveteux. Cette lavatère est ample, buissonnante, et monte vigoureusement de 50 cm à 1 m. Si vous l'installez au soleil, elle envahit vite son pot et suffit à fleurir un grand coin de votre balcon. Choisissez 'Mont Blanc' ou 'Mont Rose', qui ne dépassent pas 50 cm, 'Silver Cup', bien florifère (60 cm), ou 'Loveliness', rose soutenu, un peu plus haute.

Orientation
Soleil, à l'abri du vent.

Terre
Terreau universel et terreau pour semis.

Plantation
Par semis en avril, recouvrir légèrement de terreau pour semis. Éclaircir en mai tous les 20 cm.

Arrosages
Réguliers sans excès.

Soins
Donner un engrais « coup de fouet » une fois par mois à partir du début de la floraison.

Lilium
Lis

Son allure de plante exotique, son parfum et sa beauté intimident. Mais pourquoi ne pas apprivoiser cette diva sur votre balcon : si vous choisissez bien la variété, vous verrez que le lis vit parfaitement en pots, isolé pour produire tout son effet. *Lilium cernuum* est particulièrement indiqué : pas trop grand, il fleurit en juin et juillet de corolles rose léger tacheté de prune, groupées le long d'une tige qui ne dépasse pas 50 cm.

Bulbe

Rustique

Parfumé

Rose

Juin-juillet

Soleil

Terre bien drainée

Parfum et splendeur de la fleur

Orientation
Soleil.

Terre
1/3 du volume de terreau universel, 1/3 de compost, 1/3 de perlite ou de vermiculite.

Plantation
En septembre, enfoncer les bulbes à 10 cm de profondeur, espacés de 15 cm dans un grand pot. Enfoncer aussi de fins tuteurs de bambou qui aideront les hampes à supporter le poids des fleurs. Placer le pot à l'obscurité jusqu'à l'apparition des pousses, puis à l'ombre jusqu'à ce que les pousses atteignent 10 cm de haut, puis le mettre progressivement au soleil tout en ombrageant le pied.

Arrosages
Réguliers pour que le bulbe ne se dessèche pas, avec chaque semaine un engrais liquide dilué dans l'eau d'arrosage, et ce, jusqu'à ce que les feuilles fanent.

Soins
Supprimer les fleurs fanées le long de la hampe pour qu'elles ne grainent pas. Rempoter tous les ans.

Linum perenne

Linum
Lin

Annuel et vivace

Rustique

Blanc, rose, carmin, bleu

Juin à octobre suivant le semis

Soleil et mi-ombre

Terreau universel

Une totale légèreté

Qu'il soit annuel ou vivace, le lin est aérien. Le feuillage gris-vert, la fleur en forme de coupe aux couleurs vives mais sans lourdeur sont charmants en pots. Seul le lin vivace est bleu, d'un bleu si délicat qu'il vaut la peine de lui réserver un coin sur le balcon : la grâce de cette plante lui donne une allure de fleur des champs.

Parmi les espèces annuelles, choisissez *Linum grandiflorum* (40 cm), rose ou carmin, 'Bright Eyes' est blanc à cœur rouge. Ce lin fleurit de juin à octobre si on échelonne bien les semis. Parmi les lins vivaces, retenez *Linum perenne*, ou *Linum narbonense*, peut-être moins rustique. Ils fleurissent de juin à septembre, hauts de 40 à 60 cm. Leur seul défaut : ils ne vivent que quelques années.

Orientation
Soleil et mi-ombre pour *Linum grandiflorum*, soleil pour les lins vivaces.

Terre
Terreau universel.

Plantation
Par semis dès avril pour *Linum grandiflorum* en échelonnant les semis jusqu'en juin pour une floraison jusqu'en octobre. Éclaircir tous les 10-15 cm. Le semis du lin vivace est un peu laborieux, mieux vaut planter au printemps en installant les pieds tous les 25 cm.

Arrosages
Modérés, de façon à garder sa fraîcheur à la terre.

Soins
Couper les tiges sèches des lins vivaces en automne, et faire un apport de compost, de tourbe et d'engrais lent au début du printemps.

Lobelia erinus
Lobélie

Lobelia pendula

Annuelle

Semi-rustique

Blanc, rose vif, bleu clair et intense

Mai à octobre

Soleil et mi-ombre

Terreau universel

Profusion colorée en cascades

Les lobélies sont merveilleuses sur un balcon quand on aime la couleur. Elles s'épanouissent de mai à octobre en une myriade de petites fleurs vives, tapissantes ou retombantes, très agréables au-dessus d'une rambarde ou plantés dans un bac à arbuste d'où ils débordent généreusement. Particulièrement jolies, blanc pur ou bleues sur feuillage vert clair, elles ne demandent pas plus de soins que les pétunias et ont l'avantage d'être beaucoup moins utilisées.

Pour les variétés tapissantes, choisissez 'Cambridge Blue', bleu pâle, 'Crystal Palace', bleu-violet, 'Empereur Guillaume', bleu intense, 'White Lady', blanc. Parmi les variétés retombantes, on peut choisir 'Blue Cascade', bleu fort, 'White Cascade', blanc, 'Rose Cascade', rose à cœur blanc, 'Saphir', bleu foncé à cœur blanc.

Orientation
Soleil ou mi-ombre.

Terre
Terreau universel.

Plantation
En mai tous les 15 cm.

Arrosages
Bien réguliers.

Soins
Donner un engrais liquide « coup de fouet » tous les 15 jours pendant la pleine période de végétation et couper toutes les tiges d'un tiers après la première floraison pour voir refleurir les lobélies jusqu'à l'automne.

Lonicera etrusca

Lonicera
Chèvrefeuille

Grimpante

Rustique, persistante et semi-persistante

Parfumée

Blanc, jaune, rouge rosé

Juin à août

Soleil et mi-ombre

Terreau universel

Floraison parfumée et généreuse

Cette grimpante volubile se couvre dès juin d'une masse de fleurs menues qui exhalent un parfum délicat. Mettez-la près de l'encadrement d'une fenêtre pour en profiter pendant l'été. De juin à septembre, *Lonicera japonica*, parfumé, à feuilles semi-persistantes, fleurit jaune crème. *Lonicera heckrottii*, lui aussi semi-persistant et parfumé, est jaune relevé de rouge. *Lonicera henryi* est rouge orangé et persistant.

Orientation
Soleil (où il fleurira plus), mais aussi ombre et mi-ombre.

Terre
Terreau universel.

Plantation
À l'automne ou au début du printemps. Installer le chèvrefeuille dans un grand pot. Mêler un peu de poudre de roche à la terre. Soigner le drainage de fond.

Arrosages
Réguliers pendant la pleine végétation. Beaucoup plus rares au cours de la mauvaise saison.

Soins
Donner un engrais liquide « coup de fouet » tous les 15 jours pendant la pleine végétation. Surfacer de compost et de tourbe à l'automne.

Taille
Couper les branches sèches ou qui sont mal placées à l'automne. Vous pouvez aussi rabattre (raccourcir presque à ras) les lianes du chèvrefeuille s'il se dégarnit à la base ou si vous voulez lui redonner du volume.

Magnolia
Magnolia

Magnolia stellata 'Dawn'

Arbuste

Rustique

Caduc

Parfumé

Blanc

Mars

Soleil

Terre de bruyère

Une nuée de fleurs blanches

Magnolia stellata
Magnolia étoilé

Il faut de la place au magnolia pour que sa personnalité très marquée n'écrase pas les autres plantations. Sur un balcon ou une petite terrassse, il détonne et n'est pas conseillé, à l'exception de *Magnolia stellata*. Sa petite taille, sa charpente tourmentée et la délicatesse de ses fleurs qui s'ouvrent blanc, dès mars, sur le bois nu, font la qualité de cet arbuste, qui s'acclimate bien en bac. Mais il pousse lentement, aussi ne le prenez pas trop menu.

'Royal Star' est assez vigoureux, avec des fleurs plus grandes que le type.

Orientation
Soleil non brûlant.

Terre
Terre de bruyère avec 1/4 du volume de compost.

Plantation
En automne de préférence, dans un bac, en veillant à ne pas casser les racines qui sont fragiles. Soigner le drainage au fond du pot.

Arrosages
Très réguliers en été avec une eau sans calcaire.

Soins
Un surfaçage de compost mêlé à de la terre de bruyère et de la poudre de roche en automne redonnera vigueur à la plante.

Taille
À la fin de l'été, éliminer à ras les petites branches sèches ou mal placées.

Magnolia grandiflora

Arbuste (jusqu'à 2 m)

Moyennement rustique au nord

Persistant

Parfumé

Blanc

Juillet-août

Mi-ombre à l'abri du vent

Terre de bruyère

À palisser contre un mur

Magnolia grandiflora
Magnolia à grandes fleurs

Ce magnolia d'été peut, lui aussi, être joli sur une petite terrasse. Il suffit de le palisser contre un mur pour qu'il ne jure pas avec les autres plantes. 'Exmouth' est particulièrement indiqué : il se taille sans problème et se conduit très facilement. Son feuillage persistant couvrira une façade avec beaucoup de caractère. Le soir, il embaumera la maison pendant près de deux mois si vous installez son bac près d'une fenêtre.

Orientation

Soleil non brûlant et mi-ombre, mi-ombre au sud de la Loire.

Terre

Terre de bruyère avec 1/4 du volume de compost.

Plantation

Au printemps et dans un grand bac. Faire tremper la motte dans un seau pour bien l'humidifier. Manier les racines avec délicatesse car elles sont cassantes. Planter la motte au ras de la terre du bac, pas plus profondément.

Arrosages

Avec une eau ordinaire (il supporte le calcaire). Régulièrement en pleine saison.

Soins

En automne, surfacer le bac d'un mélange de compost, de tourbe et d'un peu de poudre de roche.

Taille

Si vous avez décidé de palisser votre magnolia, favorisez sa hauteur. Raccourcir au printemps les rameaux secondaires qui viennent en épaisseur sans toucher aux branches qui sont conduites contre le mur. Si vous le laissez libre, faire un léger toilettage de printemps et s'il grandit trop, tailler plus sévèrement.

Malcomia maritima
Julienne de Mahon

Il faut remettre à la mode cette plante gracieuse pas très haute (20 cm), au port retombant : elle pousse très vite et fleurit au bout de 5 semaines en une multitude de petites fleurs étoilées de coloris légers sur feuillage vert glauque. Foisonnante et robuste, elle demande du soleil et une situation dégagée pour s'épanouir longuement. Étalez le semis entre mars et fin juin pour avoir une floraison prolongée. Choisissez 'Dwarf Mixed' en mélange ou cherchez des semis de variétés unies, malheureusement plus rares.

Annuelle

Rustique

Parfumée

Blanc, jaune pâle, rose, rouge, mauve

Mai à août suivant le semis

Soleil

Terreau universel

Présence délicate et floraison très rapide

Orientation
Soleil.

Terre
Terreau universel et terreau pour semis.

Plantation
Semer entre mars et fin juin, recouvrir à peine de terreau pour semis, éclaircir tous les 10 cm dans des jardinières ou des pots de taille moyenne. Faire un semis en septembre pour une floraison précoce en avril (étiquetter ce semis qui ne se signalera qu'au printemps suivant). La plante se ressème d'elle-même si elle est laissée en place quelque temps après la floraison.

Arrosages
Réguliers.

Soins
Donner un engrais liquide « coup de fouet » tous les 15 jours pendant la pleine végétation.

Mirabilis jalapa

Mirabilis
Belle-de-nuit

Vivace dans le Midi, annuelle ailleurs

Parfumée

Blanche, jaune, rouge magenta

Juin à novembre

Soleil et mi-ombre

Terreau universel

Le charme des plantes du crépuscule

Un charme indéfinissable (qui nous la fait préférer aux belles-de-jour) se dégage des belles-de-nuit, qui attendent le milieu de l'après-midi pour s'ouvrir et le soir pour embaumer. Elles se referment au matin quand la lumière devient trop vive pour elles. Les fleurs en trompettes groupées ne durent qu'une journée, mais elles se renouvellent sans cesse de juin aux gelées.

Le feuillage très fourni fait de beaux buissons sur lesquels ressortent bien le blanc, le jaune ou le rouge de la fleur. *Mirabilis jalapa* est rustique dans le Midi, ailleurs on la sème au printemps pour la voir fleurir d'abondance très vite.

Orientation
Soleil, mi-ombre de préférence.

Terre
Terreau universel.

Plantation
Par semis fin avril, début mai, ne garder qu'un pied tous les 30 centimètres.

Arrosage
Réguliers.

Soins
Donner un engrais liquide « coup de fouet » tous les 15 jours pendant la pleine végétation.

Muscari
Muscari

Haut de 20 à 30 cm, très précoce, d'un bleu intense, le muscari fait de superbes potées isolées ou s'installe en contrepoint de narcisses, de primevères ou de pensées qu'il domine légèrement. *Muscari armeniacum* est particulièrement rustique et même envahissant ; il fleurit bleu vif avec 'Blue Spike', parfumé. *Muscari azureum* supporte bien la mi-ombre, très rustique aussi, il est bleu ou blanc avec 'Album'. Son feuillage gris-vert continue de s'allonger après la floraison et fournit un écran aux autres bulbes ou annuelles avec qui il partage la jardinière. *Muscari neglectum* fleurit dès mars au soleil, bleu allant jusqu'à bleu-noir au sommet de la fleur.

Bulbe

Rustique

Bleu ou blanc

Avril-mai

Soleil et mi-ombre

Terreau universel

Précocité, beauté de la couleur

Orientation
Soleil ou mi-ombre

Terre
1/3 du volume de terreau universel, 1/3 de compost, 1/3 de perlite ou vermiculite.

Plantation
Dès septembre, planter les bulbes à 5-7 cm de profondeur espacés de 10 cm. Arroser légèrement.

Arrosages
Attendre le début de la végétation pour arroser régulièrement et réduire très nettement quand le feuillage est fané.

Soins
Faire un apport d'engrais lent au départ de la végétation.

Multiplication
Le muscari est envahissant. Après quelques années, arracher les touffes en juillet et les diviser pour refaire de nouvelles potées.

Myosotis
Myosotis

Vivace cultivée comme bisannuelle

Rustique

Blanc, bleu

Avril à juin

Mi-ombre

Terreau universel

Un bleu léger

Le charme des bisannuelles est qu'on les plante à l'automne et qu'on les oublie. Elles s'installent pendant toute la mauvaise saison et vous font la surprise de fleurir très tôt avec éclat. Ainsi en va-t-il des myosotis si beaux en bleu indigo. Pour une floraison étoffée, choisissez *Myosotis alpestris*, le plus courant, à feuilles duveteuses et fleurs bleu clair ou vif. 'Express' est très précoce et assez grand (40 cm), 'Ultramarine' est court (15 cm), bleu indigo, ainsi que 'Boule Bleue'. 'Merveille Bleue' et 'Messidor' sont hauts (35 cm) et toujours bleu indigo. Il existe des myosotis blancs comme 'Alba' (15 cm). On peut aussi choisir *Myosotis rupicola*, tapissant à bouquets denses, bleu soutenu.

Orientation
Mi-ombre de préférence.

Terre
Terreau universel.

Plantation
En septembre/octobre tous les 15 cm. Soigner le drainage de fond.

Arrosages
Réguliers et sans excès en saison.

Soins
Faire un apport d'engrais lent à l'entrée de l'hiver.

Narcissus
Narcisse

C'est la jonquille si populaire, annonciatrice du printemps. Le narcisse dresse en mars ses trompettes jaunes entourées d'une collerette souvent plus pâle. Les feuilles en touffes longues forment un bel écran vert à la fleur. Si l'on veut très vite oublier l'hiver, il faut choisir les narcisses botaniques de type *cyclamineus*. Ils fleurissent longuement dès la mi-février. 'Tête à Tête', 20 cm, est très précoce et florifère en jaune orangé. 'February Silver' fleurira aussi en février mais en climat doux (attendre mars pour les climats un peu froids). Il est jaune pâle à trompette jaune plus vif. 'Jenny', dans les mêmes tons, est encore plus joli.

Pour une floraison en mars-avril, la plus fréquente, choisissez des narcisses hybrides pas trop hauts, comme le Narcisse Trompette. 'Mount Hood' est entièrement blanc et assez haut : 40 cm. 'Louise de Coligny' fleurit rose orangé sur le fond blanc de sa collerette. 'Topolino', 20 cm, est blanc crème et jaune.

Bulbe

Rustique

Jaune, blanc, rose, orange

Février à avril

Soleil et mi-ombre

Terre bien drainée

La fleur du printemps

Orientation
Soleil et mi-ombre.

Terre
1/3 du volume de terre végétale, 1/3 de compost, 1/3 de perlite ou vermiculite.

Plantation
Dès septembre, enterrer les bulbes, pointe en haut, de 5 à 15 cm de profondeur selon la grosseur du bulbe (20 cm pour 'Tête à Tête' qui est moins rustique). Les espacer de 10 cm.

Arrosages
Attendre l'apparition des jeunes pousses pour arroser régulièrement et diminuer très nettement quand le feuillage est fané.

Soins
Faire un apport d'engrais lent au départ de la végétation. Couper bas les tiges des fleurs fanées pour qu'elles ne fassent pas de graines, ce qui fatigue le bulbe.

Multiplication
Diviser les touffes lorsqu'elles deviennent importantes, une fois que le feuillage est devenu sec, et installer les petites touffes dans de nouveaux pots.

Nepeta
Népeta

Des fleurs en épis lâches bleu doux, un feuillage gris-vert qui atteste de sa bonne résistance à la sécheresse, une floraison prolongée, que demander de plus à cette plante touffue et toujours jolie dans un jardin sec ou en association de couleurs avec d'autres plantes de saison et surtout des rosiers.

Nepeta x *faassenii* (ou *N. mussinii*) est la plus connue. Haute de 40 cm, elle a cependant un port un peu affaissé et on lui préfère souvent dans la même variété 'Six Hills Giant' qui se tient mieux. Elle fleurit longuement de mai à septembre.

Si vous voulez faire plaisir à votre chat tout en protégeant vos autres plantations, faites une bonne potée de *Nepeta cataria* (ou menthe des chats...) qui lui sera spécialement destinée : il aura une prédilection pour son feuillage aromatique, dont il mangera les jeunes pousses et dans lequel il se roulera voluptueusement l'été.

Vivace

Rustique

Bleu, blanc

Mai à septembre

Soleil et mi-ombre

Terreau universel

Longue floraison sans problème

Orientation
Soleil ou mi-ombre.

Terre
Terreau universel.

Plantation
Au printemps ou en automne, tous les 30 cm.

Arrosages
Modérés : le népeta aime bien la sécheresse.

Soins
Faire un surfaçage de compost, de tourbe et d'engrais lent au printemps.

Taille
Rabattre la plante de moitié après la première floraison pour favoriser la seconde. Rabattre nettement en automne pour préparer le nepeta pour l'année suivante.

Nerium oleander
Laurier rose

Exclusivement réservé aux climats doux (le laurier gèle à - 5 °C), cette plante est une des plus jolies en bac. Vigoureux, florifère, parfumé, le laurier demande du soleil et de l'eau pour bien s'établir. 'Rose Plenum', 'Louis Pouget', 'Provence', 'Géant des Batailles' sont bien odorants.

Arbuste

Semi-rustique

Persistant

Parfumé

Feuilles et fleurs toxiques

Blanc rose, rouge, jaune, orangé

Juin à octobre

Terreau universel

De grands buissons longtemps fleuris

Orientation
Soleil.

Terre
Terreau universel.

Plantation
En mars, dans de grands pots ou bacs, en soignant le drainage de fond.

Arrosages
Abondants en pleine végétation, très modérés ensuite.

Soins
Surfacer de compost, de tourbe et de poudre de roche à l'automne. Donner aux plantes adultes un engrais liquide « coup de fouet » tous les 15 jours en pleine végétation. Rempoter tous les 2 ans en fin d'hiver pour assurer une végétation saine.

Taille
Pour rajeunir la plante, tailler régulièrement en fin de floraison quelques pousses florifères à trois/quatre bouquets de feuilles à partir de la base de la pousse et les tiges latérales à dix centimètres de leur base.

Nicotiana affinis
Tabac d'ornement

Vivace cultivée comme annuelle

Rustique

Parfumée

Blanc, rose, rouge, jaune, jaune-vert

Juillet à octobre

Soleil et mi-ombre

Terreau universel

Un parfum pénétrant

Il faut donner une place à cette jolie plante à fleurs en bouquets lâches et feuilles oblongues, et la mettre tout près de la fenêtre pour profiter, même à l'intérieur, de son parfum délicieux quand la nuit tombe. Réservez-lui un grand pot, où vous planterez quelques pieds qu'il faudra tuteurer car la plante monte très vite. Choisissez des variétés bien parfumées, comme les grands tabacs blancs, 'Fragrant Cloud', 'Sensation' en rouge, rose, crème et jaune, ou 'Lime Green', jaune-vert. Évitez les formes plus petites qui sont bien souvent sans parfum, à moins que vous ne vouliez une forme plus compacte résistant à la pluie comme 'Crimson Rock'.

Orientation
Soleil ou mi-ombre.

Terre
Terreau universel.

Plantation
Fin avril, tous les 20 cm dans un grand pot.

Arrosages
Réguliers et généreux.

Soins
Tuteurer les plants. Apporter un engrais liquide « coup de fouet » tous les 15 jours pendant la pleine végétation. Supprimer les fleurs fanées et rabattre après la premiere floraison pour favoriser les suivantes.

Nierembergia
Nierembergia

Cette vivace buissonnante se couvre jusqu'en automne d'une nuée bleue ou blanche de fleurs qui rappellent les petites campanules sur un feuillage menu mais abondant. *Nierembergia repens* s'étalera généreusement de part et d'autre de la rambarde d'un balcon au soleil, en harmonie avec des plantes à feuillage argenté. Essayez de la garder fleurie pendant toute la mauvaise saison en la rentrant dans une pièce bien claire et pas trop chaude.

Nierembergia hippomanica 'Purple Rose'

Vivace cultivée en annuelle

Rustique

Bleu lilas, blanc

Juillet à octobre

Soleil

Terreau universel

Un buisson de fleurs jusqu'aux gelées

Orientation
Soleil.

Terre
Terreau universel.

Plantation
En mai dans de bonnes jardinières.

Arrosages
Réguliers mais sans excès.

Soins
Donner un engrais liquide « coup de fouet » au moment de la pleine végétation tous les 15 jours.

Nigella
Nigelle

Annuelle

Rustique

Blanc, rose, mauve, bleu clair ou foncé

Soleil

Juin à août

Terreau universel

Ravissante en bleu

La nigelle est une des annuelles les plus gracieuses de la fin du printemps. Elle fleurit en collerettes légères, sur un feuillage fin et plumeux à port buissonnant. Particulièrement jolie en bleu, elle illumine son coin de balcon en juin et juillet. Très solide, elle ne demande que le soleil et un peu d'eau. Choisissez de préférence *Nigella damascena*, plus délicate que *Nigella hispanica*, et particulièrement 'Miss Jekyll', semi-double, d'un magnifique bleu vif.

Orientation
Soleil.

Terre
Terreau universel avec du terreau pour semis.

Plantation
Par semis en mars, recouvrir légèrement de terreau pour semis. Éclaircir à 20 cm.

Arrosages
Réguliers pendant toute la période de végétation.

Soins
Donner un engrais liquide « coup de fouet » tous les 15 jours pendant la pleine période de végétation. Couper les fleurs fanées.

Osmanthus
Osmanthe

Osmanthus x *burkwoodii*

Très florifère, parfumé, persistant, cet arbuste a bien des qualités. Il est en outre très rustique. *Osmanthus* x *burkwoodii* est la variété qu'il faut choisir sur son balcon. Au nord de la Loire, il remplace le jasmin officinal qu'on peut avoir peur de planter pour son relatif manque de rusticité. Il fleurit fidèlement si vous lui trouvez une place à l'abri du vent.

Arbuste

Rustique

Persistant

Parfumé

Blanc

Mars

Soleil

Terre à rosiers

Un air de jasmin

Orientation
Soleil ou mi-ombre, à une exposition non ventée.

Terre
Terre à rosiers, avec une couche de compost au fond.

Plantation
De préférence en automne, dans un bac. Ne pas le choisir trop petit parce qu'il pousse lentement.

Arrosages
Réguliers.

Soins
En fin d'été et au printemps, surfacer de compost, de tourbe et de poudre de roche. Donner un engrais liquide « coup de fouet » tous les 15 jours pendant la pleine végétation.

Taille
Légère après la floraison ou un peu plus forte pour aider l'osmanthe à ne pas se dégarnir du pied.

Passiflora cærulea
Passiflore ou fleur de la Passion

Grimpante

Vivace

Semi-rustique

Bicolore en violet et blanc

Juillet-août

Plein soleil

Terreau universel

Belle fleur singulière

Les fleurs de structure particulièrement complexe de cette jolie grimpante ne peuvent pas cacher son origine exotique : au centre de la fleur, la grande couronne de filaments plumeux, bayadère en bleu et blanc, donne une coloration intense, bleu-violet, à la passiflore dont les pétales sont pourtant très clairs (beaucoup plus rarement rose soutenu). Les grands stigmates et étamines dressés en son cœur évoquent les instruments de la Passion, d'où son nom…

Grâce à ses vrilles, elle s'accroche facilement aux supports qu'elle ombre légèrement d'un feuillage profondément lobé. Elle s'est très bien acclimatée dans le Midi, où elle prospère ; elle peut, si on protège le pied d'un bon matelas de paillis, résister aux hivers de climats un peu plus froids.

Orientation
Le plein soleil à l'abri du vent.

Terre
Terreau universel.

Plantation
En mai dans un pot de bonne taille. Soigner le drainage de fond.

Arrosages
Très réguliers en saison, très espacés hors saison.

Soins
À l'automne, surfacer le pot de compost, adjoindre un engrais lent. En mars, en début de végétation, aider la passiflore à s'accrocher jusqu'à ce que les vrilles prennent le relais. En hiver, pailler le pot sur une bonne épaisseur.

Taille
Couper les pousses devenues trop grandes à la hauteur où vous voulez les voir repartir, et même à ras. Rabattre certaines tiges secondaires, trop grandes elles aussi, presque à ras de la tige principale. Tailler les autres pousses latérales à 20 cm de la tige principale.

Perovskia atriplicifolia
Pérovskia ou sauge d'Afghanistan

Le feuillage gris du pérovskia montre bien que l'arbuste aime le plein soleil et qu'il supporte la sécheresse. Cette plante bleue de fin de saison prend le relais des lavandes et sera un excellent complément au jardin sec en compagnie des caryoptéris, des potentilles et des santolines. Il pousse vite et il est beau dès la première année. Ses feuilles ont un parfum de sauge quand on les froisse et le blanc éclatant de ses rameaux est très décoratif en hiver.

Arbuste

Rustique

Caduc

Parfumé

Bleu

Août-septembre

Soleil

Terreau universel

Un arbuste bleu pour la fin de l'été

Orientation
Soleil à l'abri des vents froids qui risquent de brûler les jeunes pousses de printemps.

Terre
Terreau universel.

Plantation
En automne de préférence, dans un grand pot. Veiller au drainage de fond.

Arrosages
Mesurés.

Soins
À l'automne, surfacer d'un mélange de compost, de tourbe et de poudre de roche.

Taille
Au début du printemps, tailler près du sol toutes les branches du pérovskia pour le renouveler et le faire fleurir abondamment.

Petunia
Pétunia

Annuelle

Rustique

Parfumée si bleu intense

Blanc, crème, rose, rouge, mauve, bleu

Mai à octobre

Soleil

Terreau universel

Un des rois du balcon

Les pépiniéristes ont tellement diversifié les variétés de pétunias que le choix est très grand. Derniers hybrides apparus sur le marché : le *Surfinia* et l'*Anthofinia*, au développement important et à la floraison particulièrement abondante.

Pour guider votre choix, il faut simplement savoir que les hybrides à fleurs moyennes et ceux à fleurs simples résistent en général beaucoup mieux à la pluie et que les pétunias bleu profond ont un parfum délicieux en fin d'après-midi.

Les hybrides à fleurs moyennes, 'Purple Joy', bleu, et 'Resisto rose', rose, tiennent particulièrement bien à la pluie. Chez les hybrides à grandes fleurs, 'Bleu Lustré' et 'Capri', bleu intense, sont bien parfumés. La série 'Cascade' est très retombante et jolie sur les rambardes, ainsi que les hybrides 'Pendula' à grand étalement. N'oubliez pas les *Surfinia* et *Anthofinia*, spectaculaires dans toutes les couleurs, dont 'Shihi Brillant', aux grandes fleurs pourpres.

Orientation
Soleil.

Terre
Terreau universel.

Plantation
Début mai, tous les 25 cm dans des conteneurs de bonne profondeur.

Arrosages
Très réguliers, bien au pied pour ne pas mouiller les fleurs et le feuillage.

Soins
Apporter un engrais liquide « coup de fouet » tous les 15 jours pendant la pleine végétation. Rabattre de moitié après la première floraison pour ramifier la touffe et favoriser les floraisons suivantes.

Phaseolus coccineus ou *multiflorus*
Haricot d'Espagne

Vous souvenez-vous du conte *Jack et le Haricot géant* ? Si oui, vous comprendrez pourquoi il faut laisser à un enfant le soin de semer et de s'occuper de ce haricot qui pousse si vite dans un pot bien à lui. Trois à quatre graines semées fin avril et dès fin juin, le haricot sera en fleur sur de longues rames volubiles. La récolte se fait un peu plus tard et vous pourrez manger ensemble dans le courant de l'été les jeunes grains frais écossés issus des gousses qui pendent. Celui à fleurs rouges est plus joli que comestible.

Légumineuse grimpante

Annuelle

Rouge vif, blanc ou bicolore

Été

Soleil, mi-ombre et ombre

Terreau universel

La plante pour les enfants

Orientation
Indifférente.

Terre
Terreau universel.

Plantation
Par semis fin avril. Choisissez un bon pot, enterrer à 4 cm 3 ou 4 graines de haricot « en poquet » (peu espacées). Enfoncer au moment de la plantation quelques longs tuteurs de bambou sur le pourtour du pot et fixez-les au sommet avec un fil de jardinage ou du raphia, qui guidera les rames du haricot et lui donnera une forme pyramidale assez gracieuse. On peut aussi conduire le haricot sur une tonnelle.

Arrosages
Réguliers dès que la plante sort de terre et pendant toute la végétation. Mais sans détremper la terre.

Soins
Quand les plants ont environ 30 cm de haut, apporter de la terre pratiquement jusqu'au bord du pot pour conserver de la fraîcheur au pied.

Phlox drummondii

Phlox
Phlox

Vivace et annuel

Rustique

Persistant (pour les vivaces)

Blanc, bleu, rose, rouge, lilas

Mai à septembre selon les variétés

Soleil ou mi-ombre

Terreau universel

Une floraison généreuse

C'est surtout comme vivace et sous sa forme tapissante que le phlox est intéressant sur un balcon. Il forme un tapis de fleurs au printemps, très joli au pied des arbustes. Les formes plus hautes peuvent être un peu lourdes en pots et ne fleurissent qu'en plein été. On peut tout de même essayer en pots les phlox annuels, pas trop hauts, très colorés, à longue floraison estivale.

Pour les formes naines (10 à 20 cm) et tapissantes, choisissez les phlox vivaces tels que *Phlox amœna*, rouge ou rose en mai/juin, *Phlox douglasii* (blanc, lavande, rose, lilas) qui fleurit abondamment en mai, *Phlox subulata* à la floraison blanche, bleu pâle, rose, pourpre, en avril/mai. Essayez aussi *Phlox drummondii*, annuel, si vous préférez changer de décor d'une année sur l'autre, sous sa forme naine ou plus haute. Il pousse sans problème, toujours très coloré, en rose, rouge, lavande et blanc, entre juillet et septembre.

Orientation
Soleil et mi-ombre.

Terre
Terreau universel.

Plantation
Planter les annuels en mai. Pour les vivaces, planter en automne ou au printemps.

Arrosages
Réguliers en saison.

Soins
Supprimer les fleurs fanées des annuels et donner un engrais « coup de fouet » tous les 15 jours pendant la pleine végétation. Pour les vivaces, surfacer au printemps de compost, de tourbe et d'engrais lent.

Multiplication
Par division des touffes après la floraison pour les vivaces.

Portulaca grandiflora

Pourpier à grandes fleurs

Voici une petite annuelle qui ne craint ni le soleil, ni la sécheresse, ni les embruns. Elle s'épanouit gaiement tout l'été en touffes de feuilles charnues très étalées et tapissantes couvertes de fleurs en étoiles multicolores. Idéal pour les balcons un peu abandonnés, le Midi, les bords de mer, le pourpier est joli dans un pot bien large et pas trop haut ou dans un bac à arbuste qu'il tapisse d'abondance. On peut le choisir simple ou double, unicolore ou panaché.

Annuel

Semi-rustique

Blanc, jaune, orange, rouge, pourpre

Juin/septembre

Soleil

Terreau universel

Résistance à la sécheresse

Orientation

Le plein soleil.

Terre

Terreau universel et terreau pour semis.

Plantation

Par semis bien légers en avril/mai, recouvrir à peine de terreau pour semis. Si nécessaire, éclaircir tous les 15 cm quand les plants sont très jeunes (car les pourpiers n'aiment pas être dérangés). Ou planter les pieds en mai tous les 15 cm.

Arrosages

Réguliers et fins jusqu'à ce que le semis soit bien levé et éclairci ; dès que le pourpier a pris sa taille adulte, attendre qu'il commence à se faner pour arroser.

Potentilla fruticosa 'Goldfinger'

Potentilla fruticosa
Potentille

Arbuste

Rustique

Caduc

Blanc rose, jaune orange, rouge

De mai aux gelées

Soleil

Terreau universel

Floraison vive et légère, de très longue durée

Très facile à vivre, la potentille fleurit longuement et supporte bien la sécheresse. Ce petit arbuste qui ne dépasse guère 1 m en pots ne demande que le plein soleil pour fleurir abondamment, mais on peut aussi placer à mi-ombre les potentilles aux couleurs délicates pour ne pas les laisser se décolorer.

'Abbotswood' est blanche, 'Elisabeth' et 'Klondike' sont jaunes, 'Tangerine', orange, 'Princess', rose pâle et 'Marian Red Robin', rouge écarlate.

Orientation
Soleil et mi-ombre.

Terre
Terreau universel.

Plantation
En automne de préférence, dans un grand pot ou une bonne jardinière. Soigner le drainage de fond.

Arrosages
Assez espacés mais réguliers l'été, en évitant surtout les excès.

Soins
Surfacer à l'automne et au printemps avec un mélange de compost, de tourbe et de poudre de roche.

Taille
En hiver, couper presque à ras quelques branches pour rajeunir l'arbuste et l'aérer.

Primula
Primevère

Une des vivaces les plus rustiques qui soient, aussi charmante basse que haute, et toujours la bienvenue à la sortie de l'hiver, la primevère est peu exigeante et prospère à mi-ombre, aussi jolie en potée basse qu'au pied d'un arbuste. Les variétés hautes sont plus à leur place en jardinière ou dans de bons pots.

Pour les formes basses, choisissez parmi les nombreux coloris de *Primula vulgaris* (ou *Primula acaulis*) et essayez *Primula edgeworthii* au feuillage gris-vert qui fleurit bleu clair à cœur jaune dès janvier. Pour des formes à plus hautes tiges florales, *Primula vulgaris* 'Race Pacifique' est bien rustique et fleurit dès mars de toutes les couleurs. *Primula sieboldii* (20 cm) est particulièrement jolie avec un feuillage vert doux et des fleurs rose vif qui apparaissent en mai-juin. *Primula japonica* est très haute (60 cm) avec un feuillage assez rugueux et s'épanouit entre avril et juillet en blanc, rose, rouge ou grenat.

Vivace

Rustique

Persistante

Blanc, jaune, rose, rouge, brun, bleu

Janvier et mars/juin

Mi-ombre

Terreau universel

Des couleurs dès la fin de l'hiver

Orientation
Mi-ombre.

Terre
Terreau universel.

Plantation
Au printemps ou en automne.

Arrosages
Réguliers. Attention à ne pas laisser la plante manquer d'eau.

Soins
Apporter un mélange compost-tourbe pour réinstaller la plante si le froid l'a fait sortir de terre. Surfacer de compost, de tourbe et d'engrais lent à la sortie de l'hiver.

Multiplication
Par division de la touffe après la floraison.

Prunus incisa x *campanulata* 'Okame'

Prunus
Cerisier et prunier à fleurs

Arbuste

Rustique

Caduc

Blanc, rose

Mars-avril

Soleil non brûlant

Terreau universel

Aérien

Il semble a priori improbable de faire pousser un *Prunus* sur son balcon : trop grand, trop sensible au vent, cassant ; et pourtant si beau au printemps.

Le cerisier *Prunus incisa*, de forme buissonnante et tout blanc dès mars, convient, lui, parfaitement, si on l'installe dans un coin abrité. Il lui faut tout de même de la place et un grand bac pour qu'il soit à l'aise. Le prunier *Prunus* x *cistena* fleurit rose en avril et ne dépasse pas 1 m mais son feuillage est pourpre, ce qui le rend un peu difficile à associer avec les autres plantes du balcon. Sa petite taille le fait mieux résister au vent.

Orientation

Soleil modéré et à l'abri du vent.

Terre

Terreau universel.

Plantation

À l'automne de préférence, dans un grand bac. Soigner le drainage de fond.

Arrosages

Réguliers en période de végétation mais sans excès. Ralentir très nettement pendant la mauvaise saison.

Soins

Surfacer à l'automne et au printemps de compost et de tourbe. Adjoindre de la poudre de roche au surfaçage. On peut aussi donner un engrais liquide « coup de fouet » tous les 15 jours pendant la pleine végétation.

Taille

Tous les ans au cours de l'été, nettoyer le cerisier en coupant ras les petites branches sèches, trop fines, ou mal placées. *Prunus* x *cistena* doit être rajeuni tous les trois ans au début de l'été en coupant à 20 cm de leur base toutes les branches. Étaler une bonne couche de compost en surface pour l'aider à repartir.

Puschkinia scilloides
Puschkinia

Puschkinia libanotica

Encore un bulbe modeste dont la précocité et la floraison bleue égaieront pendant plus d'un mois la fin de l'hiver. Les fleurs étoilées bleu pâle ou foncé, quelquefois blanches, sont réunies en grappes le long d'une tige ne dépassant pas 20 cm. Elles feront un beau tapis au pied d'arbustes ou de clématites encore endormies. On peut aussi en faire des potées retombantes, qui prendront le relais des perce-neige, des cyclamens ou des crocus.

Bulbe

Rustique

Bleu pâle et foncé, blanc

Mars-avril

Soleil et mi-ombre

Terre bien drainée

Floraison précoce

Orientation
Soleil ou mi-ombre.

Terre
1/3 du volume de terre végétale, 1/3 de compost, 1/3 de perlite ou vermiculite.

Plantation
En septembre, planter les bulbes à 5 cm de profondeur avec un petit espacement.

Arrosages
Attendre l'apparition des pousses pour arroser régulièrement. Diminuer nettement les arrosages après la floraison.

Soins
Faire un apport d'engrais lent au début de la végétation.

Multiplication
En pots, il vaut mieux remplacer les bulbes tous les deux ans.

Rhododendron yakushimanum

Rhododendron
Rhododendron

Arbuste

Persistant

Assez rustique

Toxique

Blanc, jaune, rose, orange, rouge, bleu

Février à juin selon les variétés

Ombre ou mi-ombre

Terre de bruyère

Très bel arbuste d'hiver

Le rhododendron ne fleurit pas seulement en mai de grosses inflorescences aux couleurs fortes et atteignant une hauteur spectaculaire, comme en Normandie ou en Angleterre. Il peut aussi être très léger et précoce.

Rhododendron praecox fleurit en février, d'un délicat bleu-mauve sur des branches au feuillage menu qui ne montent pas à plus de 1,50 m. D'allure aussi légère mais fleurissant en avril bleu foncé ou violacé, *Rhododendron impeditum* supporte assez bien le vent et les situations un peu ensoleillées). Il faut signaler aussi pour sa beauté et sa robustesse le *Rhododendron yakushimanum*, qui s'épanouit en juin de fleurs roses virant lentement au blanc. Il supporte aussi les situations ensoleillées.

Attention tout de même : les feuilles du rhododendron sont toxiques ; apprenez aux enfants à s'en méfier et lavez-vous les mains après vous être occupé de lui.

Orientation
Ombre ou mi-ombre. À l'abri du vent.

Terre
Terre de bruyère enrichie de 1/4 du volume de compost.

Plantation
Dans un bac, de préférence à l'automne. Soigner le drainage de fond.

Arrosages
Réguliers mais pas trop copieux après la plantation, avec une eau sans calcaire. Jamais en période de gel. Reprendre plus régulièrement quand les boutons de fleurs grossissent.

Soins
Enlever les fleurs fanées pour favoriser la floraison de l'année suivante. Surfacer à l'automne de compost et de tourbe, mêler au surfaçage de la poudre de roche. Donner un engrais liquide « coup de fouet » tous les 15 jours au moment de la floraison. Protéger le pied à l'entrée de l'hiver.

Taille
Se contenter au printemps de couper les branches mortes et les brindilles faibles ou tout rameau déparant l'ensemble.

Salvia
Sauge

Salvia splendens

Vivace

Rustique

Persistante

Bleu

Juillet-août

Soleil

Terreau universel

Aromatique au beau feuillage persistant

Salvia officinalis
Sauge officinale

Cette plante aromatique est un sous-arbrisseau qui pousse à l'état sauvage dans le Midi et résiste très bien aux climats plus au nord. Tant mieux, car elle a beaucoup de qualités. Son feuillage gris argent, légèrement duveteux, met bien en valeur les épis bleus des fleurs qui apparaissent en juin ; ses branches, pourtant ligneuses, prennent une forme retombante (si on ne les tuteure pas) très gracieuse sur le balcon ; enfin, ses feuilles cueillies avant la floraison parfument les plats à la cuisine et, séchées, font en deux minutes de décoction de merveilleuses infusions énergétiques et digestives.

Orientation
Soleil.

Terre
Terreau universel. Ajouter 1/4 du volume de sable pour *Salvia officinalis*.

Plantation
Au printemps dans une jardinière moyenne pour *Salvia splendens*, et de grands pots pour les autres.

Arrosages
Réguliers pour *Salvia splendens* et *Salvia uliginosa*, plus mesurés pour les autres.

Salvia farinacea

Vivace et annuelle

Plus ou moins rustique

Surtout rouge, bleu, violet

Juillet à octobre

Soleil

Terreau universel

Des épis aux coloris intenses

Salvia
Sauge

La sauge herbacée fleurit généralement en plein été, ce qui n'en fait pas la plante idéale si l'on n'est pas là pour la voir fleurir, mais elle est de longue floraison, facile à vivre et d'une beauté rustique intéressante.

Rouge (mais aussi rose, blanche ou pourpre) et basse, *Salvia splendens* procure un décor très vif, un peu raide et somme toute assez démodé, mais elle est tellement facile qu'on peut être tenté d'en planter quelques-unes pour réveiller un coin de balcon pour tout l'été. *Salvia farinacea* (vivace dans le Midi) et *Salvia patens* forment des touffes denses aux nombreux épis bleus montant à 50 cm tout l'été. Elles font des potées plus étonnantes et ont notre préférence, de même que *Salvia nemorosa,* vivace et rustique, ou *Salvia lavandulifolia* qui grimpe à 80 cm. *Salvia uliginosa*, très haute (1,50 m), est différente des autres par sa floraison de fin d'été bleue et vaporeuse. Dans un grand pot, elle est magnifique, mais il faut la tuteurer.

Soins

Surfacer les vivaces au printemps d'un mélange de compost, de tourbe et d'engrais lent. Couper à ras les épis fanés au fur et à mesure. Faire un bon paillis à l'entrée de l'hiver pour les vivaces.

Taille

Au début du printemps, couper à ras les pousses gelées des vivaces.

Santolina
Santoline

Ce petit arbuste buissonnant (50 cm) aux feuilles aromatiques fait partie de ces plantes de plein soleil dont le feuillage gris argent ou vert est toujours un bon contrepoint aux plantes de saison. Il se taille très facilement et forme vite une masse arrondie particulièrement à sa place à côté des lavandes. Quand les santolines sont plantées en masse dans de grandes jardinières, elles forment un fond permanent très agréable.

Santolina chamæcyparissus forme une touffe aussi haute que large gris argent. *Santolina virens* est verte et s'étale d'abondance jusqu'à 1 m. Toutes deux s'épanouissent d'une multitude de petites fleurs jaunes dès juillet.

Arbrisseau

Rustique

Persistant

Parfumé

Jaune

Juillet-août

Soleil

Terreau universel

Beau feuillage vert-gris persistant

Orientation
Soleil.

Terre
Terreau universel.

Plantation
En automne de préférence, dans un grand pot ou une jardinière de bonne taille. Soigner le drainage de fond.

Arrosages
Assez espacés mais réguliers.

Soins
Un surfaçage en automne et au printemps avec un mélange de compost, de tourbe et de poudre de roche.

Taille
Les premières années, pincer les jeunes pousses après la floraison, pour étoffer la plante. Tailler ensuite au cours de l'été pour conserver une forme à la plante. Rabattre nettement après la floraison les plantes adultes.

Sanvitalia procumbens
Sanvitalia

Les sanvitalias font partie de ces petites « marguerites » d'été qu'on avait un peu oubliées, mais dont la floraison abondante et naturelle, l'allure générale touffue et joliment retombante, sont très indiquées sur un balcon. Jaune vif à cœur noir, la fleur s'associe bien avec toutes les fleurs blanches, annuelles ou vivaces.

Annuelle
Rustique
Jaune
Juillet à octobre
Soleil
Terreau universel
Plante gaie et naturelle

Orientation
Soleil.

Terre
Terreau universel.

Plantation
En mai, tous les 10 cm.

Arrosages
Réguliers.

Soins
Donner un engrais liquide « coup de fouet » tous les 15 jours quand la plante est en pleine végétation. Tailler de moitié toutes les tiges après la première floraison pour faciliter les floraisons suivantes.

Saponaria
Saponaire

Saponaria ocymoides

Vivace

Rustique

Persistante

Rose vif

Mai à juin

Soleil et mi-ombre

Terreau universel

Tapis printanier très rustique

C'est la saponaire vivace et tapissante qui a été retenue ici. Bien rustique et florifère, elle s'épanouit rose intense et enjambe les rambardes ou retombe des bacs avec grâce. Elle est particulièrement jolie dans un jardin vert qui met bien en valeur sa couleur éclatante.

La saponaire a cependant un défaut : elle est très envahissante et il vaut mieux lui réserver une jardinière ou un pot.

Choisissez *Saponaria ocymoides*, à feuilles vert vif et fleurs roses, ou *Saponaria* x 'Bressingham', au feuillage duveteux, vert doux, et fleurs également roses. Toutes deux fleurissent en mai-juin.

Orientation
Soleil et mi-ombre.

Terre
Terreau universel.

Plantation
En mars ou en automne, ne pas la mettre en compagnie d'autres plantes si ce n'est au pied d'un arbuste dans un bac.

Arrosages
Modérés mais réguliers pendant toute la pleine végétation.

Soins
Surfacer d'un mélange de compost, de tourbe et d'engrais lent en mars et surveiller l'envahissement de la plante en découpant en automne la terre autour des pieds pour éliminer les rejets en surnombre.

Multiplication
En replantant les rejets en surnombre dans d'autres pots ou par division des touffes en automne.

Scævola æmula
Scaévola

Une des nouveautés les plus jolies de ces dernières années, le scaévola a un feuillage étoffé, léger, et persistant en climat doux. Sa floraison abondante, bleu-mauve, ou plus foncé à cœur blanc, et son port retombant permettent de l'utiliser en jardinière sur les rambardes de balcon, à la place des pélargoniums-lierre qu'on a un peu trop vus. Ne le plantez pas avec d'autres fleurs car il n'aime pas la concurrence. Il n'a qu'une exigence : un arrosage attentif et sans calcaire.

Annuelle (vivace en climat doux)

Rustique

Persistante (en climat doux)

Bleu-mauve ou foncé

Juin à octobre

Soleil ou mi-ombre

Terreau universel

Nombreuses petites fleurs étoilées

Orientation
Soleil ou mi-ombre.

Terre
Terreau universel.

Plantation
En mai, tous les 30 cm dans des conteneurs de bonnes dimensions pour préserver la fraîcheur de la terre.

Arrosages
Bien réguliers mais sans excès, et surtout sans calcaire.

Soins
Apporter au moment de la pleine végétation un engrais liquide « coup de fouet » tous les 15 jours.

Scilla
Scille

D'un bleu intense incomparable, cette plante attire le regard malgré sa petite taille.

Scilla mischtschenkoana ou *Scilla tubergeniana*

est la première (février). Très rustique, elle fleurit abondamment de trois à cinq fleurs par tige bleu clair rayé de bleu foncé.

Scilla siberica

fleurit en mars sur plusieurs tiges portant six fleurs, en clochettes bleu très soutenu comme 'Spring Beauty' ou blanches comme 'Alba'.

Scilla peruviana (scille du Pérou)

C'est la plus tardive (mai/juin) et la plus belle. Les tiges assez hautes portent une centaine de petites fleurs étoilées, bleu intense, en ombelle.

À réserver surtout aux climats doux mais on peut l'essayer plus au nord où elle dépérit seulement à - 8 °C.

Scilla siberica

Bulbe

Rustique

Toxique

Bleu

Février à juin selon les variétés

Ombre ou mi-ombre

Terre bien drainée

Une fleur de fin d'hiver

Scilla mischtschenkoana

Orientation Ombre ou mi-ombre.

Terre 1/3 de terre végétale, 1/3 de compost, 1/3 de perlite ou vermiculite.

Plantation En septembre, plantez les bulbes avec des gants à 5-7 cm de profondeur et peu espacés.

Arrosages Réguliers dès le départ de la végétation. Réduits après la floraison.

Soins Comme pour la scille du Pérou.

Scilla siberica

Orientation, terre et soins Comme pour la scille de février.

Plantation Un peu plus profonde (8/10 cm). Espacements un peu plus grands (toujours avec des gants).

Scilla peruviana

Orientation Soleil.

Terre et arrosages Comme pour la scille de février.

Plantation En octobre (avec des gants) en laissant affleurer les bulbes. Espacer à 20 cm.

Soins Donner un engrais lent au départ de la végétation. Pailler généreusement à l'entrée de l'hiver.

Multiplication Quand la plante est bien étoffée, après la floraison, par prélèvement des petits bulbes.

Sedum spectabile 'Brilliant'

Sedum
Sedum ou orpin

Plante grasse vivace

Rustique

Persistante

Rose, jaune, blanc

Mai à octobre

Terreau universel

Résistance à toute épreuve

Cette petite plante grasse n'est pas exceptionnelle, mais sa capacité à prospérer dans les situations les plus arides est assez touchante et bien pratique dans les jardins un peu abandonnés. C'est sous sa forme rustique que nous la préférons, tapissante ou un peu plus haute, avec un feuillage persistant et charnu qui peut prendre de jolis coloris en vert, gris-vert, bleuté ou pourpre.

Très tapissante et jaune vif, *Sedum acre* fleurit de mai à juillet. *Sedum spurium*, à port rampant, fleurit rose pourpré en juillet. 'Atropurpureum' fleurit rouge vif sur un feuillage pourpre. Plus tardif (août/octobre) mais tout aussi rustique, *Sedum spectabile* a un port dressé, des feuilles plus larges et des fleurs roses ou blanches. 'Autumn Joy' (= 'Herbsfreude') est rose saumon virant au cuivre en cours de saison.

Orientation
Soleil.

Terre
Terreau universel.

Plantation
Au printemps ou en automne, dans des pots qui peuvent ne pas dépasser 20 cm de profondeur.

Arrosages
Très modérés : trop d'eau fait pourrir les racines du sedum.

Soins
Donner un peu de compost en surface en automne.

Multiplication
Par division des touffes après la floraison. Mais vous verrez, en retrouvant de nouveaux plants dans des endroits inattendus, que le sedum peut se ressemer de lui-même.

Syringa
Lilas

Le lilas est un arbuste de lisière, surtout joli à la limite d'un jardin ou d'un petit bois. Cet arbre si familier vient très bien sur une petite terrasse, mais il faut veiller à recréer autour de lui un fond naturel et sauvage pour lui garder son mystère : un mur et un balcon par exemple, tapissés de lierre, de houblon ou de chèvrefeuille. Pas trop grand (1,80 m), très léger, *Syringa microphylla* vit bien en bac. Il fleurit rose sur fond de petites feuilles vert pâle pendant un mois et pousse assez vite. 'Superba' refleurit même en fin d'été.

Arbuste
Rustique
Caduc
Parfumé
Blanc, rose ou mauve
Mai
Soleil ou mi-ombre
Terre à rosiers
Un charme profond

Orientation
Soleil ou mi-ombre.

Terre
Terre à rosiers avec une couche de compost au fond.

Plantation
De préférence à l'automne dans un bon bac. Soigner le drainage de fond.

Arrosages
Réguliers pendant la végétation.

Soins
Surfacer avec un bon apport de compost, de tourbe et de poudre de roche au printemps et en automne. Supprimer les fleurs fanées.

Taille
Couper à ras les brindilles sèches, celles qui ne portent pas de fleurs et celles qui sont gênantes.

Tagetes patula

Annuelle

Semi-rustique

Parfumé

Jaune, orange et brun-rouge

Juin à octobre

Soleil

Terreau universel

Des couleurs qui claquent

Tagetes
Tagète

Pour un été fleuri sans problème, on peut installer ces fleurs faciles en les encadrant de plantes à feuillage décoratif qui en adoucissent le port et la couleur.

Tagetes erecta
Rose d'Inde

'Honey Bee' (30 cm) est très précoce et résiste à la pluie ; 'Gay Ladies' (35 cm) résiste aussi très bien à la pluie ; 'Moon Shot' (40 cm) est jaune vif, 'Apollo', orange. Leur feuillage est très aromatique.

Tagetes patula
Œillet d'Inde

à fleurs simples ou doubles, atteint 20 à 30 cm. 'Burgundy Ripple' est rouge panaché de jaune, simple ; 'Sunny', jaune d'or, simple. Pour des fleurs doubles, on peut choisir dans la série 'Bonita', hâtive, ou dans la série 'Boy', très vigoureuse. *Tagetes tenuifolia* (aromatique) est assez différent à petites fleurs simples, jaunes, orange ou brun-rouge, tapissantes. Il fleurit entre juin et septembre.

Orientation
Soleil.

Terre
Terreau universel.

Plantation
En mai, tous les 25 cm.

Arrosages
Abondants à la plantation sans excès ensuite (les tagètes ne détestent pas la sécheresse).

Soins
Supprimer les fleurs fanées pour favoriser la floraison.

Thunbergia alata
Suzanne aux yeux noirs

Ne serait-ce que pour son nom, cette grimpante donne envie d'en avoir un pied sur son balcon. Elle sera vivace et plus somptueuse dans le Midi mais tout de même très jolie ailleurs, au soleil et à l'abri des vents froids. Jaune vif à cœur noir (c'est dans cette couleur qu'elle est la plus gracieuse), les fleurs de la thunbergie ressortent bien sur le vert mat du feuillage touffu. Cette grimpante pousse vite et couvrira rapidement le support que vous aurez choisi pour elle. Si vous l'arrosez attentivement, vous avez des chances de la garder en climat un peu froid d'une année sur l'autre.

Grimpante

Annuelle, mais vivace dans le Midi

Semi-rustique

Crème, jaune, orange, à centre noir

Juin à octobre

Soleil

Terreau universel

Gracieuse et originale

Orientation
Soleil à l'abri du vent.

Terre
Terreau universel.

Plantation
Fin mai, début juin, mettre le plant dans un bon pot. Soigner le drainage de fond.

Arrosages
Bien réguliers pendant toute la végétation. Très réduits en hiver.

Soins
Couper les petits rameaux défleuris au fur et à mesure pour favoriser la pousse de nouvelles fleurs.

Donner un engrais liquide « coup de fouet » tous les 15 jours en pleine végétation.

Surfacer de compost et charbon de bois un peu pilé au début de l'automne. Bien pailler la plante à l'entrée de l'hiver.

Trachelospermum jasminoides

Trachelospermum
Trachelospermum

Cette grimpante volubile convient parfaitement aux climats doux, mais elle est suffisamment rustique pour toutes les régions sauf les plus froides du Nord et de l'Est. Elle est bien étoffée et couvre rapidement murs et balcons. Ses fleurs blanches s'ouvrent à profusion au début de l'été et sont légèrement parfumées.

Trachelospermum jasminoides, ou jasmin étoilé (3,50 m), est la plus courante. Les feuilles allongées sont vert sombre ou tachetées et ourlées de blanc avec 'Variegatum'. *Trachelospermum asiaticum*, particulièrement compacte et touffue, peut atteindre 4 m.

Grimpante

Vivace

Rustique

Persistante

Parfumée

Blanc

Juillet-août

Soleil

Terreau universel

Des fleurs blanches pour l'été

Orientation
Soleil, à l'abri du vent.

Terre
Terreau universel avec 1/4 du volume de tourbe.

Plantation
Fin avril (un peu plus tôt en climat doux) dans un bac.

Arrosages
Réguliers.

Soins
Apporter un engrais liquide « coup de fouet » tous les 15 jours en saison. Surfacer de compost et de tourbe à l'automne.

Taille
Après la floraison, couper les tiges qui ont fleuri. Raccourcir au début du printemps les tiges trop longues.

Tropæolum
Capucine

Des trompettes jaunes, orangées ou rouges, adoucies par le vert clair ou mat de feuilles rondes et larges, une vigueur incroyable quand elle s'est bien installée, ont rendue la capucine très populaire. Son port légèrement retombant est très beau en jardinière. Comme grimpante, elle poussera gaillardement dans l'encadrement d'une fenêtre, palissée contre le treillage d'un mur ou s'enroulant sur la rambarde du balcon.

Choisissez les capucines naines pour un pot évasé ou une jardinière. 'Tom Pouce' est à fleurs simples, jaunes ou écarlates. 'Globe' est double. *Tropæolum majus* naine est à grandes fleurs bien tapissantes.

Parmi les grimpantes, les capucines hybrides de Lobb sont les plus connues, elles sont à grandes fleurs jaunes, orange ou rouges. *Tropæolum speciosum* est rouge orangé. *Tropæolum peregrinum*, ou capucine des Canaries, est jaune, à fleurs frisées et feuilles découpées en lobes. Elle est plus indiquée en climat doux.

Annuelle

Naine ou grimpante

Jaune, orange, rouge

Fin juillet à octobre

Soleil et mi-ombre

Terreau universel

Floribondité, beauté du feuillage

Orientation
Soleil et mi-ombre.

Terre
Terreau universel.

Plantation
Fin avril, semer 4 à 5 graines peu espacées les unes des autres (on dit semer « en poquet ») en espaçant chaque poquet de 20 cm et en les enterrant à 5 cm de la surface. Semer dans un endroit bien abrité les capucines des Canaries.

Arrosages
Réguliers.

Soins
Enlever les fleurs fanées pour qu'elles ne montent pas à graines. Laissez-en cependant quelques-unes grainer : elles se ressèmeront d'elles-mêmes dans leur potée et vous les retrouverez l'été suivant.

Multiplication
Pour plus de sûreté, il faudra tout de même, au printemps suivant, semer quelques poquets de graines que vous aurez prélevées sur vos capucines ou achetées.

Tulipa
Tulipe

Les tulipes ne sont pas seulement ces fleurs haut perchées d'avril-mai. Elles peuvent aussi être très menues et précoces, plus hautes ou trapues, à fleurs de pivoine ou de lis, et fleurir dès mars. Pour le balcon, choisissez des tulipes pas trop hautes (pour qu'elles n'offrent pas de prise au vent).

Étaler la floraison en sélectionnant plusieurs variétés. Pour mars, on peut planter des tulipes hybrides simples ou doubles hâtives comme 'Diana' (30 cm) blanc pur, ou 'Willemsoord', rouge vif, 'Montreux', jaune pâle, 'Peach Blossom', rose. Les trois dernières sont doubles aux très belles fleurs de pivoine. Pour avril, choisissez les tulipes botaniques, comme l'étonnante *Tulipa kolpakowskiana* aux pétales récurvés jaunes, ou les tulipes hybrides doubles tardives si elles sont assez petites, comme 'Angélique' (40 cm) aux fleurs de pivoine blanches poudrées de rose, ou les hybrides de *Tulipa greigii*, très robustes et pas bien grandes (30 cm), 'Cape Cod', orangée, 'Perlina', rose frais.

Bulbe

Rustique

Coloris pastel et vifs

Mars à mai

Soleil et mi-ombre

Terre bien drainée

Variété de formes et de couleurs

Orientation
Soleil ou mi-ombre.

Terre
1/3 du volume de terreau universel, 1/3 de compost, 1/3 de perlite ou vermiculite.

Plantation
Dès septembre, enterrer les bulbes, pointes en haut, de 10 à 15 cm de profondeur et de 5 à 15 cm de distance selon la grosseur du bulbe.

Arrosages
Réguliers pendant toute la végétation. Arrêter pratiquement quand les feuilles fanent.

Soins
Pour les hybrides de *Tulipa greigii*, nourrir les bulbes d'un engrais pour bulbes tous les 15 jours au cours d'un arrosage si l'on veut garder en pot d'une année sur l'autre ces tulipes. Pour les autres, un engrais à diffusion lente donné une fois par an au départ de la végétation est suffisant.

Arracher les bulbes quand les feuilles sont fanées, les ranger dans une caissette au sec et à l'ombre fraîche jusqu'en septembre pour les replanter. Pour *Tulipa kolpakowskiana*, diviser les touffes après la floraison, quand elles sont devenues importantes.

Verbena
Verveine

Ce n'est pas tellement sous leur forme érigée à touffes compactes et très fleuries que nous conseillons les verveines, mais sous leur forme plus lâche et retombante, beaucoup plus légère en jardinière ou dans un grand pot en compagnie de plantes un peu plus hautes. Leur feuillage fin, dentelé, vert-gris, accompagne bien les floraisons voisines. Elles s'épanouissent en petites ombelles rondes du début de l'été jusqu'aux gelées. Pour leur souplesse, choisissez les verveines 'Sissinghurst', 'Tapien' ou 'Imagination', des nouveautés au port très souple. Toutes les trois sont rose ou bleu-mauve.

Vivace cultivée comme annuelle

Rustique

Rose, bleue

Juin à octobre

Soleil

Terreau universel

Un gracieux port retombant

Orientation
Soleil

Terre
Terreau universel.

Plantation
Au printemps, espacées de 30 cm environ.

Arrosages
Copieux en période de sécheresse.

Soins
Faire un apport d'engrais liquide « coup de fouet » tous les 15 jours pendant la pleine végétation.

Taille
Pour une bonne remontée de fin d'été, couper les tiges à moitié en août.

Veronica longifolia 'Blauriesin'

Vivace

Rustique

Blanc, rose, bleu

Mai à août

Soleil

Terreau universel

Un très grand naturel

Veronica
Véronique

Les longs épis de la véronique fleurissent vigoureusement avec beaucoup de finesse, de mai à août selon les variétés. De coloris vifs, elle égaie les jardinières sans écraser le voisinage. Elle est tout aussi agréable en potée isolée dans sa forme la plus haute. Cette jolie plante est aussi très facile : elle résiste aussi bien au froid qu'à la sécheresse. Pour de petites formes (environ 30 cm), choisissez *Veronica austriaca teucrium*, bleu vif qui fleurit début juin ou les petites *Veronica spicata*, lavande, bleu vif, rose, vermeil ou blanches.

Pour des formes plus hautes, *Veronica spicata* peut atteindre 60 cm et fleurit en mai-juin, comme *Veronica incana*, bleu foncé ou rose vif sur un feuillage argenté. *Veronica longifolia* grimpe à 80 cm de mai à juillet, en bleu ou blanc.

Orientation
Plein soleil.

Terre
Terreau universel.

Plantation
Au début du printemps, dans de grands pots au bon drainage de fond pour les formes les plus hautes.

Arrosages
Plus espacés que la normale en pleine végétation : les véroniques apprécient une sécheresse temporaire.

Soins
Couper les épis fanés au fur et à mesure sauf quelques-uns si vous voulez que les véroniques se ressèment d'elles-mêmes. Un bon apport de compost, de tourbe et d'engrais lent au printemps aidera la plante à s'étoffer. Faire un paillis au début de l'hiver pour protéger la plante contre l'humidité. En automne, rabattre très court.

Multiplication
Par division des touffes au printemps.

Viburnum
Viorne

Les viornes forment un ensemble de plantes très différentes d'aspect. Nous avons sélectionné quatre viornes qui fleurissent généreusement l'une après l'autre tout au long de l'année.

Viburnum x *carlcephalum*

Viburnum x *carlcephalum*
Boule de neige

Arbuste • Rustique • Caduc • Parfumé • Blanc • Avril-mai • Soleil ou mi-ombre • Terre à rosiers • Une boule blanche au printemps

Très compacte sous sa sélection 'Eskimo' parfumée, cette petite viorne (1,50 m) de forme arrondie vient bien dans un grand pot ou un bac. Elle a un joli feuillage d'automne.

Viburnum plicatum
Viorne de Chine

Mêmes caractéristiques mais fleurit de juin à septembre sans parfum • Une étonnante structure

Exceptionnelle pour son architecture en plateaux horizontaux de branches fleurissant en été, cette viorne demande un emplacement privilégié. 'Watanabe' (2 m) mêle baies rouges et fleurs blanches en fin de saison.

Viburnum x *carlcephalum*

Orientation Soleil ou mi-ombre à l'abri du vent.

Terre Terre à rosiers, avec une couche de compost au fond.

Plantation En automne de préférence.

Arrosages Réguliers sauf en hiver.

Soins Surfacer au printemps et à l'automne de compost, de tourbe et de poudre de roche mêlés. Donner un engrais liquide « coup de fouet » tous les 15 jours pendant la pleine végétation.

Taille Après la floraison, un simple toilettage de rameaux secs ou mal placés.

Viburnum plicatum

Mêmes conseils de culture sauf :

Orientation Préférer l'ombre sauf en régions peu ensoleillées.

Arrosages Réguliers en saison avec une eau sans calcaire.

Taille En août en fin de floraison pour supprimer les branches disgracieuses.

Viburnum plicatum 'Mariesii'

Viburnum tinus
Laurier-tin

Mêmes caractéristiques sauf : Feuillage persistant • Terreau universel • Longue floraison hivernale.

Une grosse boule ronde toujours verte et une floraison généreuse tout l'hiver font apprécier ce sympathique petit arbuste qui pousse très bien dans un grand pot.

Viburnum farreri
Viorne d'hiver

Arbuste (2 m) • Assez rustique • Caduc • Parfumé • Blanc et rose • Novembre à mars • À l'abri du vent • Terre à rosiers • Une longue floraison hivernale

Cette viorne fleurit pendant toute la mauvaise saison en boules blanches ou roses très parfumées. Elle est rustique mais n'aime pas le vent qui nuit à la bonne tenue de ses fleurs.

L'hybride *Viburnum* x *bodnantense* 'Charles Lamont' est rose soutenu, 'Dawn', rose très pâle, 'Deben' fleurit encore plus longuement : jusqu'en avril.

Viburnum tinus

Mêmes conseils de culture sauf :

Plantation Préférer le printemps dans les régions froides pour laisser l'arbuste s'installer.

Soins Pailler en hiver pour protéger le pied de l'humidité.

Taille Arrondir la forme de l'arbuste après la floraison.

Viburnum farreri

Orientation Soleil ou mi-ombre à l'abri du vent.

Terre Terre à rosiers, avec une couche de compost au fond.

Plantation Au printemps, dans un bac au bon drainage de fond.

Arrosages Bien réguliers l'été.

Soins Surfacer à l'automne d'un mélange de compost, de tourbe et de poudre de roche. Donner au cours de l'été un engrais type Osmocote.

Taille Après la floraison, tailler à ras quelques vieilles branches très ramifiées.

Vinca
Pervenche

Vinca minor

Vivace

Rustique

Persistante

Blanc, bleu

Mars à juin

Ombre et mi-ombre

Terreau universel

Précoce et délicate

Certaines petites vivaces s'éveillent très tôt et forment des couvre-sol colorés bien agréables quand tout est encore engourdi par l'hiver. C'est le cas des violettes, des primevères mais aussi des pervenches, particulièrement charmantes au pied d'un arbuste d'ombre. Elles fleurissent pendant tout le printemps et remontent sporadiquement.

Vinca minor (la petite pervenche) est préférable à *Vinca major* sur un balcon car ses tiges ne sont pas trop longues. Elle s'étale rapidement et forme un tapis blanc, bleu, ou bleu-pourpre avec 'Atropurpurea'. 'Aureovariegata' fleurit bleu avec un feuillage bordé de jaune.

Orientation

Ombre ou mi-ombre.

Terre

Terreau universel.

Plantation

En mars ou au début de l'automne.

Arrosages

Réguliers pour garder un peu d'humidité à la terre.

Soins

Surfacer de compost, de tourbe et d'engrais lent au début du printemps.

Multiplication

Par prélèvement des nouveaux pieds au printemps ou au début de l'automne.

Viola odorata

Viola
Violette ou pensée

Vivace

Rustique

Parfumée

Blanc, bleu

Février à avril

Mi-ombre

Terreau universel

Une merveilleuse précocité

Viola odorata
Violette

On peut planter sans risque quelques pieds de violettes à mi-ombre pour les voir fleurir très tôt, blanc, bleu clair ou bleu foncé, sur un beau feuillage bien dense. Elles peuvent refleurir aussi au début de l'automne.

Les violettes se propagent abondamment et vous aurez vite une petite colonie qui parfumera votre balcon (particulièrement la violette de Toulouse) à l'ombre légère d'un arbuste ou dans une potée large et pas trop haute.

Orientation
Ombre légère.

Terre
Terreau universel.

Plantation
Au début de l'automne, dans de larges potées pas trop hautes ou au pied d'un arbuste.

Arrosages
Réguliers en veillant simplement à ne pas laisser la terre se dessécher.

Soins
Le froid peut soulever les plants ; remettre un mélange de compost et de tourbe autour des pieds et tasser un peu pour réinstaller les plants.

Multiplication
Se fait d'elle-même. Si vous voulez faire de nouvelles potées, prélevez les nouveaux pieds ou divisez les touffes et plantez-les au début de l'automne.

Viola x *wittrockiana*
Pensée

Les pensées sont très populaires à juste raison : elles s'épanouissent pratiquement toute l'année suivant les variétés et ont une infinité de coloris veloutés, purs ou maculés, d'une incroyable diversité.

Pour une floraison hivernale et de début de printemps, retenez pour leurs coloris unis 'Race géante de France', blanche, jaune, orange, rouge, bleue, ou 'Race hiemalis', maculée, jaune, violet, rouge, bleu clair.

Pour une floraison à partir d'avril, choisissez les variétés comme 'Race Trimardeau', maculée et bien florifère, ou 'Race géante de Suisse', unie ou maculée, du blanc crème au violet, en passant par le jaune, le rouge et le bleu.

Bisannuelle

Rustique

Unie ou bicolore, maculée de noir ou sans macule, dans de nombreux coloris

Pratiquement toute l'année

Soleil ou mi-ombre

Terreau universel

En fleurs à la mauvaise saison

Orientation
Soleil ou mi-ombre.

Terre
Terreau universel.

Plantation
En automne pour les variétés d'hiver et au début du printemps pour celles qui fleurissent dès avril.

Arrosages
Réguliers. Espacés pour les variétés hivernales et toujours hors gel.

Soins
Couper les fleurs fanées au fur et à mesure. Protéger les variétés d'hiver par un apport de compost et de tourbe à leur pied.

Viola cornuta

Vivace

Rustique

Blanc, jaune, bleu, violet

Mars à septembre

Soleil ou mi-ombre

Terreau universel

Une pensée vivace en miniature

Viola cornuta
Violette cornue

La violette cornue est une pensée, vivace elle, et à fleurs plus menues, qui peut remonter pratiquement toute l'année mais qui fleurit surtout entre mars et septembre. Les formes à fleurs rondes sont à notre avis plus jolies que celles à fleurs allongées. On peut choisir 'Jersey Gem', ronde et bleue, ou 'Alba', blanche. 'Blason' est bien ronde, blanche, jaune, bleue ou violette, 'Prince Henri' et 'Prince Jaune' sont hâtives, très florifères, à fleurs plus allongées.

Orientation
Soleil ou mi-ombre.

Terre
Terreau universel.

Plantation
En septembre/octobre ou au début du printemps, tous les 20 cm.

Arrosages
Réguliers à partir du printemps.

Soins
Supprimer les fleurs fanées, sauf quelques-unes si l'on veut laisser la fleur se ressemer d'elle-même.

Faire un apport de compost au printemps.

Vitis
Vigne d'ornement

Vitis coignetiæ

Grimpante

Vivace

Rustique

Caduque

Soleil et mi-ombre

Terreau universel

Jolie alternative à la vigne vierge

Les grimpantes à feuillage décoratif sont plus variées qu'on ne croit : vous pouvez faire pousser sans risque une vigne d'ornement sur votre balcon. Elle grimpera aussi vite qu'une vigne vierge et prendra de belles teintes rousses à l'automne sur des feuilles très proches de la vigne (à raisins). On trouve aujourd'hui des vignes à faible développement radiculaire, qui permettent une meilleure adaptation en bac. Si vous voulez palisser cette vigne contre un mur ou étoffer un balcon, favorisez la ramification de base en taillant la tige principale assez près du sol au moment de la plantation. Sinon, laissez pousser jusqu'à la hauteur voulue. *Vitis coignetiae* est la plus jolie.

Orientation
Soleil et mi-ombre.

Terre
Terreau universel.

Plantation
En mars ou en automne, dans un bac. Taillez à 25-30 cm de la terre si vous voulez étoffer sa ramification de base.

Arrosages
Réguliers.

Soins
Surfacer de tourbe et de compost en automne et, au printemps, ajouter au surfaçage un engrais lent comme la corne torréfiée.

Wisteria sinensis

Wistaria Glycine

Grimpante

Vivace

Parfumée

Rustique

Caduque

Mauve, blanc

Mai-juin

Soleil

Terreau universel

Vigueur exceptionnelle

Il faut de l'espace et un support très solide pour planter une glycine sur un jardin de balcon. Jeune, cette grimpante n'a l'air de rien mais elle peut au bout de quelques années tordre et détruire les supports trop légers autour desquels elle s'enroule. Cela ne fait pas peur à de nombreux jardiniers de balcon, qui la taillent assez vigoureusement. On peut la palisser contre un mur ou la faire grimper en tonnelle.

Très début de siècle, la glycine a un feuillage vert doux et de longues fleurs en grappes pendantes qui s'épanouissent au printemps avant le complet développement des feuilles. *Wistaria sinensis* est la plus connue, elle fleurit abondamment mauve le plus souvent, ou blanc avec 'Alba'. Le feuillage de *Wistaria* x *formosa* est duveteux, ses fleurs sont violacées et s'épanouissent toutes en même temps.

Orientation

Soleil à l'abri du vent pour protéger les fleurs des gelées tardives.

Terre

Terreau universel.

Plantation

À l'automne ou au printemps, dans un bac. Soigner le drainage de fond.

Arrosages

Réguliers en saison.

Soins

Surfacer de compost et de tourbe à l'automne, et au printemps épandre un engrais lent.

Taille

Quand la glycine est jeune, taillez court pour l'obliger à se ramifier. Aux printemps suivants, tailler un certain nombre de rameaux qui ne portent pas de fleurs et après la floraison, raccourcir les branches principales si elles deviennent trop longues. En février, tailler tous les rameaux secondaires à 2-3 yeux (bourgeons) de leur base.

Achetez toujours la glycine en motte, elle reprendra mieux.

Zinnia
Zinnia

Zinnia angustifolia

Dans sa version miniature à port souple, le zinnia est une annuelle d'été épatante sur le balcon. Il fait des touffes robustes plus ou moins étalées de petites « marguerites » vives, aussi solides mais bien plus gracieuses que les œillets ou roses d'Inde et les sauges *fulgens*, qu'ils remplacent avantageusement pour un balcon coloré. *Zinnia angustifolia*, ou zinnia du Mexique, est la variété à privilégier. Il fleurit entre juillet et septembre. On peut aussi choisir 'Haageana Tapis Persan', plus basse, qui est bicolore en rouge et orange et résiste bien à la pluie.

Annuelle

Semi-rustique

Jaune orangé

Juillet à septembre

Soleil

Terreau universel

Des couleurs pour l'été

Orientation
Le plein soleil à exposition bien chaude.

Terre
Terreau universel.

Plantation
Début juin, tous les 25 cm (on peut aussi semer directement en mai et éclaircir tous les 25 cm, mais la floraison sera plus tardive : à partir d'août).

Arrosages
Réguliers.

Soins
Apporter un engrais liquide « coup de fouet » en pleine végétation tous les 15 jours.

LES ROSIERS

Il n'y a pas de jardin sans roses, et votre balcon attend son rosier pour devenir un vrai jardin. Associé à une clématite s'il est grimpant, à des delphiniums ou des lavandes s'il est buissonnant, planté dans l'espace d'un jardin vert ou d'un jardin sec, un seul rosier est un véritable enchantement.

Mais l'espace est compté sur un balcon et ce rosier doit réunir à lui seul toutes les qualités : il lui faut être beau, robuste, florifère, remontant, et parfumé bien entendu. Les roses anglaises, célèbres depuis les années 1980, répondent bien à ces exigences. Issues de croisements entre rosiers anciens et rosiers modernes remontants, elles ont le charme, le port souple et le parfum des premiers, la longue floraison des seconds. Nous vous en indiquons quelques-uns en exemple. Nous avons sélectionné aussi quelques rosiers supportant les situations ombragées et quelques autres qui résistent à la pluie ou poussent sans épines.

Mais le choix est vaste. Décidez-vous librement avec une seule restriction : évitez les rosiers à port raide et grosses fleurs solitaires. Et si vous n'avez la place que pour un rosier, prenez-le grimpant.

Conteneurs et époque de plantation

Choisissez un conteneur de bonne taille : un grand pot, une jardinière large et profonde ou un bac pour les rosiers les plus vigoureux.

Qu'ils soient vendus à racines nues ou en conteneurs, les rosiers prendront beaucoup mieux racine s'ils sont plantés au milieu de l'automne ou au début de l'hiver par temps doux. Vous pouvez aussi les planter en mars, mais ils ne feront pas beaucoup d'effet la première année et il faudra surveiller étroitement l'humidité de la terre.

Orientation

Les rosiers aiment le soleil mais pas une chaleur excessive. Si vous avez décidé de palisser votre rosier contre un mur chaud, mettez un treillage en bois contre le mur pour atténuer la réverbération et laisser passer l'air entre le mur et le rosier.

Préparation de la terre

Le mélange terreux doit être d'autant plus riche que vous choisissez des rosiers remontants. Choisissez un mélange spécial-rosier tout prêt, auquel vous ajouterez un peu de poudre de roche (riche en potasse, indispensable à la bonne santé des rosiers).

Préparation du rosier

• S'il est à racines nues à l'achat, demandez au pépiniériste de le toiletter. Sinon, rafraîchissez-le vous-même en coupant légèrement toutes les racines. Éliminez ensuite les parties des racines tordues ou abîmées et raccourcissez celles qui sont trop longues par rapport au pot. Raccourcissez d'un tiers les branches principales. Puis plongez les racines du rosier un quart d'heure dans un seau d'eau avec du « pralin » (une bouillie achetée en petits sacs de poudre) qui enrobera les racines et favorisera leur enracinement.

• S'il est en conteneur, demandez au pépiniériste de vous montrer la motte. Si les racines forment un tissu dense et s'enroulent sur le pourtour de la motte, refusez le rosier : il a trop attendu dans son conteneur et s'est déjà épuisé.

Si le rosier vous satisfait, dégagez-le chez vous en coupant le plastique du pot pour ne pas endommager la motte.

Plantation

Tapissez le fond du conteneur de terre à rosiers après un soigneux drainage de fond. Puis ajoutez une couche de compost (type « Or brun ») et une légère couche de terre à rosiers. Installez le rosier, racines à l'aise et de sorte que le point de greffe (renflement dû à la greffe) reste au niveau de la surface de la terre une fois que vous aurez rempli le pot. Ajoutez la terre sans laisser de vide autour des racines et tassez. Arrosez abondamment mais en douceur. Rajoutez éventuellement un peu de terre à rosiers.

Taille

• Les rosiers remontants se taillent en fin d'automne de préférence. En mars, c'est encore possible mais cela retarde trop les dernières floraisons. Les rosiers anglais, qui reproduisent les formes souples des rosiers anciens, demandent une taille pas trop courte pour conserver ce port gracieux. Vous taillerez donc en fonction de ce que vous préférez chez ces rosiers : le port en souplesse ou la floribondité. Plus vous taillerez court, plus vous aurez de fleurs mais le port du rosier sera plus raide. De toute façon, il faut éliminer les branches charpentières (principales) faibles ou improductives et les branches mortes le plus près possible de leur base. Si vous avez opté pour des rosiers non remontants, taillez après la floraison.

• Pour les arbustes buissonnants, complétez la taille en raccourcissant toutes les branches principales de moitié, ou des deux tiers si vous avez opté pour une floraison abondante. Supprimez les branches secondaires faibles et celles qui encombrent le centre de la touffe, et raccourcissez les autres jusqu'à 2-3 yeux (petits bourgeons sur les branches) de leur base.

• Pour les rosiers grimpants anciens et anglais, éliminez les branches charpentières faibles et improductives et les branches mortes. Raccourcissez d'un quart les branches principales que vous avez gardées et coupez à 4-5 yeux les branches secondaires.

• On taille les grimpants modernes en éliminant un quart de la longueur des branches charpentières et en raccourcissant à 2-3 yeux les branches secondaires.

'Jacques Cartier'

Taillez toujours au-dessus d'un œil placé à l'extérieur de la branche, et en biais, la pointe du côté du bourgeon.

En période de floraison, n'oubliez pas de couper les fleurs fanées.

• Les rosiers peuvent faire des rejets (pousses qui naissent en terre en dehors du point de greffe). Il faut les éliminer pour ne pas épuiser la plante : dégagez la racine et arracher doucement le rejet au point de naissance.

Soins

Arrosage : à la plantation en automne, il faut arroser abondamment pour bien fixer l'arbuste, et régulièrement mais de façon espacée jusqu'en hiver pour garder une bonne fraîcheur au rosier. Si vous avez attendu mars pour planter, surveillez attentivement l'humidité de la terre en profondeur et arrosez en conséquence.

Pendant la belle saison, ne laissez jamais le rosier manquer d'eau. Arrosez donc régulièrement et abondamment deux à trois fois par semaine et plus par temps chaud. Toujours en soirée dès l'approche de l'été. En mars, le paillage de compost et de tourbe tiendra le pied au frais tout en lui apportant les engrais nécessaires.

Engrais : ne faites jamais un apport d'engrais liquide au moment de la plantation. Au mois de mars qui suit la plantation, apportez un engrais spécial-rosier ou de la poudre de roche, riche en potasse, et surfacez le pied du rosier de compost et de tourbe (sans recouvrir le point de greffe). Redonnez une à deux fois jusqu'en juillet de l'engrais-rosier.

Protection contre le froid : la potasse, si nécessaire aux rosiers, les protège aussi du froid. Vous pouvez avant l'hiver donner un engrais riche en potasse type « Patentkali » (ou de la cendre de bois si vous avez une cheminée), que vous mêlerez à un peu de terre en surface. Puis buttez le rosier (faites un monticule de terre au pied de la plante) avec du compost et de la tourbe (vous devez maintenant recouvrir le point de greffe pour le protéger du froid, mais au printemps, il faudra étaler cette butte pour dégager le point de greffe).

Maladies : les rosiers ne sont pas fragiles mais sont sensibles aux attaques de champignons, qui provoquent l'apparition de l'oïdium (le blanc) ou des taches noires. Un traitement préventif à la bouillie bordelaise tous les 15 jours en début de saison dès que les pousses ont une dizaine de centimètres, et à nouveau un peu avant la chute des feuilles, évite la venue des champignons. Sinon, pulvérisez (en fin d'après-midi dès qu'il commence à faire chaud) un fongicide approprié dès les premières attaques et tous les 8 jours jusqu'à disparition du mal. Les pucerons colonisent souvent les jeunes pousses de rosiers. Pulvérisez un anti-pucerons dès leur apparition et deux fois par semaine jusqu'à disparition des parasites.

Choix de rosiers anglais arbustifs

'Canterbury' : 60 cm, parfumé, fleurs simples roses s'ouvrant sur un bouquet d'étamines (pot ou jardinière).

'Charles Pennie Mackintosh' : 1 m, très parfumé, fleurs doubles rose lilas (bac).

'Constance Spry' : jusqu'à 2 m, parfumé, fleurs doubles rose doux, très vigoureux, il peut se cultiver comme une grimpante (bac).

'Country Living' : 90 cm, parfumé, fleurs doubles roses tirant sur le blanc (bac).

'Glamis Castle' : 90 cm, parfumé, très remontant, fleurs doubles blanc pur légèrement relevé de chamois (bac).

'Perdita' : 1 m, très parfumé, très remontant, fleurs doubles rose abricot (bac).

'The Prince' : 70 cm, très parfumé, fleurs doubles cramoisi tirant sur le pourpre (pot ou jardinière).

'The Reeve' : 50 cm, parfumé, fleurs doubles rose foncé à port étalé retombant joliment (pot ou jardinière).

Ci-contre - 'Paul's Scarlet Climber'

Choix de rosiers buissonnants

'Colette' : 1,50 m, très parfumé, fleurs doubles rose orangé, très rustique, les fleurs résistent à la pluie (bac).

'Iceberg' : 1 m, parfumé, remontant, fleurs semi-doubles blanc pur. Accepte une ombre lumineuse (bac).

'Jacques Cartier' : 1 m, très parfumé, remontant, fleurs doubles rose doux, recherche la mi-ombre (bac).

'Léonard de Vinci' : 70 cm, légèrement parfumé, fleurs doubles rose doux, très rustique, les fleurs résistent à la pluie.

Choix de rosiers grimpants

'Constance Spry' : rosier anglais (déjà cité).

'Iceberg' (déjà cité).

'Neige d'Avril' : 3 à 4 m, non remontant, fleurs semi-doubles blanches, accepte l'ombre (bac).

'Paul's Scarlet Climber' : 2 à 4 m, peu remontant, fleurs doubles rouges, accepte la mi-ombre (bac).

'Pierre de Ronsard' : 1,50 mètre, remontant, fleurs doubles rose tendre et blanc au revers, des airs de rose ancienne (bac).

'Zéphirine Drouhin' : 2 à 3 m, parfumé, remontant, fleurs semi-doubles rose intense, accepte le nord, sans épines (bac).

point de vue

Des grimpantes et des rosiers

Marion Held-Javal, antiquaire, habite un ancien atelier d'artisan au fond d'un jardin planté sur des carrières. La terre est si pauvre qu'elle compare ce jardin à un grand pot dont on n'aurait pas changé la terre depuis longtemps.

Votre jardin a l'air de très bien se porter. Êtes-vous sûre que la terre ne vaut rien ?
– Si je ne nourris pas mes plantations très régulièrement avec du terreau et du compost, tout s'étiole. Il faut que je sois très vigilante.

Vous avez surtout des plantes grimpantes.
– Ce sont des plantes très naturelles et souvent parfumées. J'ai une passion pour les clématites. J'en ai trois. *Clematis armandii* (la mienne est blanche et fleurit en avril), *Clematis montana* pour le mois de mai, et *Clematis* × *jackmanii* pour l'été. J'ai aussi une glycine, qui couvre le mur mais qu'il faut tailler en automne pour la réduire, du jasmin odorant, un *Trachelospermum jasminoides* qui me rappelle l'Italie mais qui est trop à l'ombre ici pour fleurir convenablement, et des pois de senteur que j'installe dans une bassine en étain près de la maison pour en profiter. Pas loin d'eux j'ai aussi un arbuste en pot, un *Camellia sasanqua*, tellement plus joli que les autres avec ses petites feuilles, et jamais malade.

Vous avez aussi beaucoup de rosiers.
– Toujours grimpants, ou presque, et le plus souvent parfumés. À l'ombre, 'Narrow Water', rose et remontant, 'Félicité et Perpétue' qui garde longtemps ses feuilles, et 'Phyllis Bide', jaune pâle avec une pointe de rose. Au soleil, de grands rosiers très vigoureux, comme 'New Dawn', blanc et remontant, ou 'Wedding Day' et 'Bobbie James', blancs aussi et très parfumés, mais eux ne remontent pas. En pots, quelques rosiers buissons : 'Ballerina', rose à fleurs d'églantier et remontant, 'Gruss an Aachen' qui a toutes les qualités : très sain, parfumé et remontant, et 'The Fairy', blanc avec des fleurs tout l'été.

'Constance Spry'

Comment vous en occupez-vous ? Avez-vous des trucs ?
– En fait c'est très simple. Je plante toujours en automne ; je les nourris au moins deux fois par an avec de l'or brun (une fois au printemps pour les rosiers en pots, à qui je donne de l'engrais liquide régulièrement). Je fais des traitements préventifs réguliers avec de la bouillie bordelaise : un médicament-miracle si l'on s'y prend à temps. Et je taille : très peu les rosiers anciens, mais plus court les rosiers modernes ; à l'automne s'ils sont remontants, après la floraison s'ils ne remontent pas. Et si je vois qu'un rosier est malade, je le taille à ras pour qu'il reparte sur des branches saines.

LES PETITS CONIFÈRES

Les conifères deviennent très populaires sur les jardins de balcon. Le développement lent de ces arbustes persistants leur permet une bonne durée de vie en conteneurs. Mais leur feuillage et leur forme très caractéristiques les rendent difficiles à associer. Mieux vaut créer un jardin vert avec un ensemble de conifères que d'essayer un mélange. Quelques plantes sont pourtant très harmonieuses en leur compagnie : les bruyères et les cotoneasters d'abord, puis les annuelles à port rampant ou retombant comme les bidens, les vivaces, étalées elles aussi, comme les pervenches, et tous les petits bulbes. Quelques conifères « nains » sont particulièrement indiqués sur une petite terrasse. Nous les décrivons ici (sans mentionner le thuya : trop multiplié ces dernières années, il est devenu fragile et meurt frequemment sur les balcons).

Tous ces conifères sont des arbustes vivaces, rustiques, persistants, préfèrent la mi-ombre (sauf exception), poussent en terre à rosiers et se plantent généralement en octobre. Tous supportent bien la taille. N'hésitez donc pas à réduire un conifère devenu encombrant ou dont une branche pousse mal.

Abies pumila
Sapin

Ce sapin miniature, vert doux, est bien étalé et peut monter à près de 1 m. Plantez-le dans un bac en surveillant l'arrosage et paillez le pied pour le garder à l'humidité.

On le trouve aussi conique, jaune et ne dépassant pas 30 cm avec *Abies nordmanniana* 'Golden Spreader'.

Chamaecyparis
Faux cyprès

Coniques, ronds ou étalés, verts, gris-bleu, dorés, à feuilles en écailles plates se chevauchant étroitement, les faux cyprès supportent assez bien la sécheresse et poussent sans problème. Plantés à plusieurs sous des formes et des couleurs différentes, ils permettent de belles associations.

Chamaecyparis lawsoniana 'Lane' peut monter à 2 m, planté dans un bac. 'Minima glauca' et 'Minima aurea' sont bas (30 cm), le premier, bleu-vert, le second, doré. Plantez-les en jardinière assez profonde. *Chamaecyparis nootkatensis*, vert foncé, atteint 1 m. Plantez-le en bac. *Chamaecyparis obtusa* 'Nana gracilis' (50 cm) est vert, 'Nana aurea' est doré, 'Pygmaea' est très étalé et bas (20 x 70 cm). Ils vont très bien en jardinière profonde.

Surfacer légèrement de sang desséché en avril pour avoir un feuillage beau en couleur.

Juniperus
Genévrier

Bien résistant et de formes multiples, le genévrier pousse surtout au soleil. Il n'a qu'un défaut : ses feuilles en petites aiguilles sont assez piquantes, surtout quand l'arbre est jeune. *Juniperus scopulorum* 'Skyrocket' monte à 2 m, gris-bleu. *Juniperus communis* 'Compressa' est vert doux et atteint 1 m. *Juniperus chinensis* 'Blaauw' est buissonnant, bleu-vert, et atteint 1 m. 'Pfitzeriana' et 'Pfitzeriana Aurea' sont à port étalé de 1 à 2 m, le second est doré. *Juniperus sabina* 'Tamariscifolia' est vert à port étalé, il atteint 1 m. Tous doivent être plantés en bac, au printemps.

Picea
Épicéa

Très rustiques, les épicéas prennent des formes arrondies ou coniques. Leurs aiguilles sont vert tendre, vert foncé, en passant par le gris-vert. Ils n'aiment pas trop le calcaire. Pour les en protéger, arrosez avec de l'eau sans calcaire.

Picea abies 'Ohlendorffii' est en boule, vert clair, et peut atteindre 80 cm. À planter en bac. *Picea glauca* 'Conica' est vert doux, conique et monte à 1 m. *Picea omorika* 'Nana', vert foncé à reflets argentés sous les aiguilles, est de forme arrondie et monte à 50 cm.

Taxus
If

Les ifs sont très robustes et ne craignent ni la sécheresse ni le vent ; toutes les orientations leur conviennent, ils peuvent donc être précieux sur les balcons aux expositions difficiles. Attention cependant : ils sont toxiques, lavez-vous les mains après les avoir touchés.

Taxus baccata ou if commun monte à 2 m avec 'Fastigiata', vert foncé. 'Standishii', doré, atteint 1 m. 'Repandens' et 'Repens aurea' sont rampants avec un étalement de 1 m, le premier est vert foncé, le second, doré. Ils se plantent en bac.

Picea albertiana 'Conica'

LE POTAGER

Un potager miniature sur un balcon est une tentation, pour le plaisir de la cueillette où l'on grapille plutôt que pour une véritable récolte. Plantez ou semez, pour le plaisir, radis, laitues à couper, tomates, haricots à rames, sans oublier les fraises, les cassis et les groseilles. Accompagnez-les de belles plantes aromatiques et ombrez d'une ronce ou d'une vigne. La culture est facile, rapide et enchantera les enfants.

Les légumes

Lactuca sativa
Laitue

Annuelle • Rustique • Récolte de mai à fin septembre • Soleil ou mi-ombre • Terreau universel • Beaucoup de fraîcheur

Rien n'est plus agréable qu'une laitue mangée aussitôt cueillie. Sur un balcon, il est possible de prolonger ce plaisir en semant de la laitue à couper dans une jardinière. Elle lève vite et repousse après la coupe. 'Bowl' résiste bien à la chaleur.

Orientation : soleil non brûlant ou mi-ombre.

Terre : terreau universel et terreau de semis en surface.

Plantation : par semis de mars à septembre. Recouvrir à peine de terreau de semis. Éclaircir un mois après, tous les 4-5 cm, ce qui constituera votre première récolte.

Arrosages : réguliers et abondants.

Soins : après chaque coupe, apporter du terreau aux quelques plants coupés pour les aider à repartir.

Récolte : 15 jours après avoir éclairci, couper les feuilles à 3-4 cm de la base.

Lycopersicon esculentum ou *Solanum lycopersicum*
Tomate

Annuelle • Rustique • Récolte 2 mois 1/2 après la plantation • Soleil • Terreau universel • Une grande saveur

Rien ne vous empêche de planter un pied de tomates au nord de la Loire. Sachez cependant qu'il faut beaucoup de soleil et de chaleur pour que les tomates aient du goût comme dans le Midi. La plante est vigoureuse, étoffée, et très gaie quand les fruits commencent à mûrir. Choisissez des variétés résistantes à fruits de moyenne taille, comme 'Fandango F' ou des variétés qui n'ont besoin ni de tuteur, ni de taille, comme 'Fournaise'. Les tomates-cerise font de longues grappes de petits fruits rouges très jolis. Plantez-en un pied pour les servir en apéritif à vos amis l'été.

Orientation : soleil, à l'abri du vent.

Terre : terreau universel.

Plantation : attendre avril dans les climats doux et mai à mi-mai ailleurs (les tomates refusent de pousser à moins de 15 °C). Commencez par tuteurer, en cas de besoin, avec un grand tuteur (80 cm) d'au moins 3 cm de diamètre. Faire un trou de 20 cm dans un grand pot rempli de terreau, en tapisser le fond de deux poignées de compost, mêler un peu et installer le pied avec sa petite motte, couché sur 15 cm pour l'amener à se raciner davantage.

Arrosages : réguliers et assez abondants.

Soins : attacher la (ou les) pousse(s) principales au tuteur. Donner de l'engrais pour tomates tous les 15 jours à partir de la formation des fruits.

Taille : pour favoriser les fruits, il faut ne garder qu'une ou deux branches principales et tailler quand la variété le demande : supprimez régulièrement les nouvelles pousses qui naissent aux aisselles des feuilles et couper les branches principales au-dessus du 4e ou 5e bouquet floral quand il s'est formé.

Phaseolus vulgaris
Haricot

Annuelle • Rustique • Récolte 2 mois après le semis • Soleil • Terreau universel • Une excellente grimpante

Parce que ce sont de très jolies plantes grimpantes et que la récolte est assez rapide, nous conseillons les haricots verts à rames. Semez-les dans un grand pot et donnez-leur une forme pyramidale à l'aide de tuteurs ou conduisez-les sur fil de fer pour réaliser rapidement une tonnelle légère. On peut aussi semer le haricot d'Espagne, mais surtout comme grimpante ornementale (voir *Phaseolus coccineus* ou *multiflorus*).

Orientation : soleil.

Terre : terreau universel et une poignée de compost (le haricot demande un sol riche).

Plantation : par semis de mai à juillet quand la terre s'est réchauffée. Semer 3-4 grains tous les 10 cm dans un grand pot que vous ne remplissez de terre qu'à 5-6 cm du bord. Tuteurez immédiatement de longs bambous fins (2 m de haut) sur le pourtour du pot : ils guideront les tiges volubiles. Pour une forme pyramidale, liez ensemble le sommet des tuteurs avec un fil de jardinage ou du raphia. Pour réaliser une tonnelle, tendre au-dessus des tuteurs quelques fils de fer à l'horizontale où s'enrouleront les longues tiges de haricot.

Un truc de jardinier : faire tremper 1 à 2 heures les graines de haricot et éliminer ceux qui flottent : ils sont probablement habités par des insectes.

Arrosages : réguliers, ce qui évite la formation de fils.

Soins : quand les haricots ont environ 30 cm de haut, apporter du terreau presque jusqu'au bord du pot pour donner de la fraîcheur aux pieds.

Récolte : cueillir les haricots verts à peu près 2 mois après le semis quand ils sont encore bien fins.

Raphanus sativus
Radis

Annuelle • Rustique • Récolte de juin à septembre • Soleil • Terreau universel • Faciles et croquants

Choisissez les 'Radis de tous les mois' qui poussent vite et bien. 'National' est rond et ne creuse pas, 'Fakir', rond et précoce ; 'Flamboyant' et 'Pernot' sont demi-longs et précoces.

Orientation : soleil.

Terre : terreau universel et terreau de semis en surface.

Plantation : par semis très légers d'avril à août. Recouvrir à peine de terreau de semis. Tasser soigneusement. Quand le semis a bien levé, éclaircir tous les 2 cm pour laisser les racines se développer. Si vous voulez avoir une petite production continue, semer dans deux pots alternativement tous les 15 jours.

Arrosages : très réguliers pour ne pas rendre les radis trop piquants.

Récolte : un bon mois après le semis.

Ci-contre - *Penser le potager comme un décor : persil, laurier et thym voisinent ici harmonieusement avec des cinéraires.*

Les fruits

Fragaria
Fraisier

Vivace • Rustique • Récolte dès mai-juin • Soleil ou mi-ombre • Terreau universel • Une vraie gourmandise

On a toujours la place d'installer quelques plants de fraisier sur son balcon, ne serait-ce qu'au pied d'un arbuste dans son bac. Choisissez de préférence des variétés remontantes, qui font des fruits pendant toute la saison et donnez-leur un sol très riche. Les fraisiers des quatre saisons 'Délices' ont de gros fruits très parfumés ; 'Mignonette' a des fruits plus petits mais aussi parfumés. 'Bordurella', à gros fruits, est particulièrement remontant. Tous les trois sont sans stolons (fils fins rampants à partir desquels de nouveaux plants s'enracinent), ce qui évite d'épuiser le pied mère. Vous pouvez aussi planter des fraisiers grimpants, qu'on trouve aujourd'hui assez couramment sur le marché. Palisssés, ils sont très décoratifs et remontants, eux aussi.

Orientation : soleil, mi-ombre pour les fraisiers des quatre saisons.

Terre : terreau universel avec deux poignées de compost en mélange.

Plantation : à l'automne pour avoir des plants bien adultes l'année suivante, ou au début du printemps dans des pots de taille moyenne ou des jardinières.

Arrosages : bien réguliers en saison.

Soins : à l'approche de l'été, pailler les pieds pour leur conserver de l'humidité. Vous pouvez supprimer quelques fleurs de la première floraison pour favoriser les floraisons suivantes. Apporter de l'engrais pour tomates tous les 15 jours dès l'apparition des fruits pour une fructification abondante. Surfacer de tourbe et de compost mêlés à l'automne. Si le froid soulève le pied des fraisiers, apporter une nouvelle fois compost et de tourbe pour les rechausser en terre.

Ribes nigrum et *Ribes rubrum*
Cassissier et groseillier

Arbustes • Vivaces • Rustiques • Récolte en juillet • Soleil • Terre à rosiers • Délicieusement acidulés

Très résistants et buissonnants, le cassissier et le groseillier sont de beaux arbustes aux longues branches feuillues qui peuvent monter à 1 m et fructifient facilement. Mais ils ont besoin de soleil pour que leurs fruits aient du goût.

Orientation : soleil.

Terre : terre à rosiers, avec une couche de compost au fond. Ajouter au mélange terreux un peu de poudre de roche.

Plantation : en automne de préférence ou en mars, dans un grand pot ou un bac. Tailler à 10 cm du sol toutes les branches pour favoriser l'enracinement et la ramification.

Soins : au printemps et à l'automne, apporter tourbe et de compost mêlés en surface (ne surfacez pas car les racines sont très superficielles). Si vous avez une cheminée, faites des réserves de cendres de bois pour en répandre quelques poignées régulièrement au printemps, griffez légèrement pour faire pénétrer la cendre dans la terre.

Taille : importante pour ramifier les arbustes. La deuxième année de plantation, tailler au printemps toutes les branches (principales et secondaires) à 3 yeux (bourgeons) de la base pour continuer à développer de nouvelles branches.

Au cours des années suivantes, supprimer éventuellement une à deux branches anciennes et mal placées au bénéfice de jeunes tiges (supprimer de préférence les branches qui poussent au centre du buisson pour aérer le plus possible l'arbuste). Et raccourcir légèrement l'ensemble du buisson.

Rubus fruticosus
Ronce

Grimpante • Vivace • Rustique • Récolte en août • Soleil et mi-ombre • Terreau universel • Un fruit sauvage à portée de la main

Les ronces sont un poison dans les jardins, on s'y pique allègrement quand on cueille les fruits au cours des promenades de fin d'été. Mais vous pouvez les amadouer sur votre balcon en plantant une ronce sans épines, comme 'Oregon Thornless', que vous mènerez sur la rambarde, palisserez contre un mur ou dont vous ferez une petite tonnelle en tendant des fils de fer horizontalement : elle y grimpera vigoureusement et vous cueillerez les fruits dès la mi-août.

Orientation : soleil et mi-ombre.

Terre : terreau universel.

Plantation : en automne pour une fructification dès l'année suivante, ou au printemps, dans un grand pot. Raccourcir les tiges à 25 cm de la base pour étoffer la ronce.

Arrosages : modérés.

Soins : surfacer à l'automne de compost et de tourbe et faire un apport d'engrais lent avant l'hiver. Paillez le pied pour le protéger du froid à l'arrivée de l'hiver.

Taille : après la récolte, supprimer les tiges de 2 ans qui ont fructifié.

Vitis vinifera
Vigne

Grimpante • Vivace • Rustique • Récolte en septembre-octobre • Soleil • Terre à rosiers • Du raisin en tonnelle

La vigne est une plante grimpante très vigoureuse qui fera un bel ombrage sur une tonnelle. Si vous la taillez, vous aurez même du raisin en automne. Mais il faut une armature métallique solide et de bons fils avec tendeurs pour supporter son poids et offrir une bonne résistance au vent. Choisissez le 'Chasselas doré' blanc ou le 'Muscat de Hambourg' noir, et réservez-leur un grand bac et le plus de chaleur possible.

Orientation : soleil.

Terre : terre à rosiers.

Plantation : début mars, dans un grand bac au bon drainage de fond. Donner une ou deux poignées de compost type « Or brun » dans le trou de plantation et enterrer le pied de vigne jusqu'à 4-5 cm du point de greffe (renflement de la tige dû à la greffe) qui doit rester bien à l'air.

Arrosages : réguliers mais modérés en saison.

Taille : conserver un seul rameau, le plus long, qui servira de tronc, et le laisser pousser. Quand il aura atteint la hauteur des fils, le conduire horizontalement en l'enroulant autour des fils et en l'attachant. Fin février ou tout début mars, rabattre les rameaux secondaires à 2 yeux de leur base. En juin, on peut raccourcir les rameaux secondaires pour aérer l'ensemble en les empêchant de prendre trop d'envergure.

Soins : surfacer de compost, de tourbe et de poudre de roche à l'automne.

Les aromatiques et condimentaires

Allium schoenoprasum
Ciboulette

Condimentaire • Vivace • Rustique • Récolte 2 mois après le semis • Mi-ombre • Terreau universel • Une petite herbe qui a le goût de l'oignon blanc

Précieuse pour aromatiser les salades, les omelettes et le fromage blanc, la ciboulette pousse en touffes serrées d'herbes fines et bien vertes. Sa bonne résistance au froid, qui fait disparaître la plante mais ne tue pas la racine, lui permet de repartir dès le printemps avec vigueur. Ne la placez pas en plein soleil : elle a besoin de fraîcheur.

Orientation : mi-ombre.

Terre : terreau universel et terreau de semis en surface.

Plantation : par semis en mars-avril dans des pots petits ou moyens selon le semis plus ou moins abondant. Recouvrir à peine de terreau de semis et bien tasser après le semis. (Acheter les plants est plus rapide !)

Arrosages : fréquents pendant toute la belle saison.

Soins : couper les fleurs dès qu'elles apparaissent pour favoriser les feuilles. Surfacer de compost et de tourbe au printemps.

Récolte : couper régulièrement les feuilles à 5 centimètres de la base pour favoriser la croissance et réservez dans le réfrigateur ce dont vous ne vous servez pas.

Multiplication : par division des touffes au début de l'automne. En hiver, on peut rentrer un pot de ciboulette issu de la multiplication pour avoir cette plante fraîche pendant toute la mauvaise saison.

Aneth ou *Anethum graveolens*
Aneth

Condimentaire • Annuelle • Aromatique • Rustique • Jaune • Récolte 2 mois après le semis • Soleil • Terreau universel • Aérienne et savoureuse

Le feuillage léger, très découpé, et les fleurs en ombelles hautes sur tige donnent à cette plante beaucoup de charme. Plantée dans un coin du balcon en compagnie d'autres plantes condimentaires et aromatiques, elle met deux mois à se développer et apportera une note dorée aux feuillages plus ou moins gris-vert de ses voisines.

Orientation : soleil.

Terre : terreau universel et terre de semis en surface.

Plantation : semis à partir d'avril jusqu'en juillet dans un pot de taille moyenne. Recouvrir de terreau de semis. Éclaircir tous les 20 cm quand le semis est bien levé. L'aneth se ressème de lui-même. Mais aidez-le en secouant au-dessus du pot les ombelles aux graines bien mûres.

Arrosages : réguliers.

Récolte : sécher ou congeler les feuilles pour parfumer salades ou légumes. Secouer sur une grande feuille de papier blanc les graines mûres (elles virent au brun), qui seront conservées dans des pots en verre pour aromatiser les cornichons ou le vinaigre.

Artemisia dracunculus
Estragon

Condimentaire • Vivace • Aromatique • Récolte dès juin • Soleil • Terreau universel • Beaucoup d'arôme

L'estragon est une des herbes condimentaires les plus aromatiques du jardin. Elle est utilisée dans l'assaisonnement des salades, des farces et hachis. Cette plante pousse en touffes de tiges fines qui portent sur toute leur longueur des feuilles allongées. N'oubliez pas de pincer les tiges en saison pour bien ramifier la plante. Le froid fait disparaître l'estragon en hiver mais il repart fort bien au printemps.

Orientation : soleil non brûlant.

Terre : terreau universel.

Plantation : en début de printemps ou d'automne dans un pot de taille moyenne en soignant particulièrement le drainage de fond.

Arrosages : réguliers sans excès.

Soins : quand la plante est un peu étoffée, couper régulièrement à la moitié quelques tiges pour les ramifier. Apporter du compost au printemps.

Récolte : coupez l'extrémité des tiges dès juin. On peut congeler les tiges de feuilles pour une réserve d'hiver.

Dans un pot de terre vernissée, laurier, thym et oseille associés avec un pied d'anthémis.

Borago officinalis
Bourrache

Officinale • Annuelle et bisannuelle • Rustique • Bleu, blanc, rose • Mai-septembre • Soleil • Terreau universel • Très décorative en bleu

C'est plus pour sa beauté que pour ses vertus médicinales que nous proposons la bourrache sur le balcon, toujours jolie et facile à vivre dans un jardin sec en compagnie de plantes aromatiques. La bourrache grimpe à plus de 50 cm en tiges bien feuillues, poilues et argentées qui se couvrent de fleurs étoilées, bleu vif le plus souvent, entre mai et septembre.

Orientation : soleil et à l'abri du vent.

Terre : terreau universel et terre de semis en surface.

Plantation : semis d'avril à juillet dans un pot de taille moyenne. Recouvrir de terreau de semis. Éclaircir tous les 25 cm quand le semis est bien levé. On peut aussi semer en septembre pour un développement de la plante au début du printemps suivant.

Arrosages : réguliers.

Récolte : si vous voulez utiliser le pouvoir sudorifique de la plante en cas de fièvre, coupez à 30 cm les tiges fleuries et faites-les sécher en bouquets la tête en bas à l'ombre. Infusez 10 mn (une cuillerée à soupe par tasse) la plante coupée menu.

Carum petroselinum
Persil

Condimentaire • Bisannuelle cultivée aussi comme annuelle • Rustique • Récolte 2 mois après le semis • Mi-ombre • Terreau universel • Indispensable à sa fenêtre

Rien n'est plus plaisant qu'un pot de persil à portée de main pour cueillir quelques feuilles et aromatiser salades et plats. Bien feuillu, robuste, il ne vit qu'un an mais avec quelle profusion ! Le persil frisé est le plus joli, mais il n'est pas très parfumé. On peut lui préférer le persil commun à feuilles plates, beaucoup plus aromatique et choisir 'Géant d'Italie' qui monte à 30-40 cm en une touffe bien fournie.

Orientation : mi-ombre : le persil a besoin de fraîcheur.

Terre : terreau universel et terreau de semis en surface.

Plantation : par semis entre mars et septembre dans un pot petit à moyen selon la quantité de semis. Recouvrir à peine de terreau de semis. Soyez patient, la levée est un peu lente. Éclaircir en deux fois : à 5 cm quand le semis est bien levé, puis à 10 cm quand il s'est étoffé. *Un truc de jardinier :* pour favoriser la germination, faire tremper les graines dans l'eau une nuit avant le semis.

Arrosages : réguliers.

Soins : supprimer les tiges florales en ombelles dès qu'elles apparaissent pour favoriser le feuillage. Couper court les feuilles en septembre pour aider les remontées suivantes.

Récolte : dès que la plante est adulte, en coupant les tiges à ras. On peut congeler les feuilles pour une réserve d'hiver.

Mentha piperita
Menthe poivrée ou officinale

Condimentaire et officinale • Vivace • Aromatique • Rustique • Bleu-violet • Récolte à partir de juin • Ombre ou mi-ombre • Terreau universel • Vigoureuse et très parfumée

Il faut absolument avoir une potée de menthe sur son balcon pour profiter tous les jours de l'odeur de ses feuilles, délicieusement aromatiques dans les salades. C'est aussi une belle plante étoffée avec un feuillage bien vert qui monte à 50 cm, fleurit en épis violacés dès la fin juin et prospère très bien à l'ombre. Particulièrement envahissante, donnez-lui un bon pot, et quand elle s'y trouvera à l'étroit, multipliez-la.

Orientation : ombre et mi-ombre.

Terre : terreau universel.

Plantation : au printemps ou au début de l'automne, un pied de menthe suffit par pot de taille moyenne que la menthe aura vite fait d'envahir.

Arrosages : réguliers, sans excès.

Soins : donner une légère couche de compost et tourbe au printemps.

Multiplication : par division en sectionnant les drageons (racines avec bourgeons à la périphérie du pied) au printemps ou au début de l'automne.

Récolte : cueillir les feuilles au fur et à mesure pour aromatiser les salades. Pour leur valeur digestive, cueillir quelques tiges un peu avant la floraison, les faire sécher à l'ombre, en bouquet la tête en bas. Infuser 5 mn une pincée par tasse.

Ocinum basilicum
Basilic

Condimentaire • Annuelle • Aromatique • Semi-rustique • Récolte à partir de juin • Soleil • Terreau universel • Tout le parfum du Midi

Il n'est pas un jardin du Midi qui n'ait son pied de « pistou » pour parfumer les salades, les ratatouilles et les pâtes. Cette plante extrêmement aromatique a petit à petit gagné toute la France, où on l'achète souvent en pot car elle ne pousse bien à partir du semis qu'au soleil et à la chaleur. Le feuillage vert foncé est touffu, en tiges longues d'une quarantaine de centimètres étoffant bien les pots. Les fleurs viennent en juin mais n'ont pas grand interêt.

Orientation : plein soleil à l'abri du vent.

Terre : terreau universel.

Plantation : il est plus simple et plus rapide, mais aussi plus réaliste au nord de la Loire, d'acheter le basilic sur le marché en bouquets fraîchement déracinés. Après avoir fait tremper les pieds de basilic 10 mn dans l'eau, replanter immédiatement dans un pot tous les 15 cm et couper de moitié les tiges pour faciliter le réenracinement. Prendre un pot de taille moyenne.

Arrosages : très réguliers à la plantation. Quand la plante s'est bien enracinée, attendre que la terre commence à se dessécher pour arroser.

Soins : supprimer les fleurs pour favoriser le feuillage.

Récolte : cueillir les feuilles au fur et à mesure des besoins culinaires. On peut aussi, pour l'hiver, faire sécher les tiges en bouquets, la tête en bas et à l'ombre et les enfermer dans des bocaux, ou les congeler fraîches dans des sachets.

Rosmarinus officinalis
Romarin

Arbrisseau • Vivace • Aromatique • Persistant • Bleu • Soleil • Terre à rosiers • Beaucoup de caractère

C'est pour la beauté de son port, sa floraison bleue dès la fin du printemps, le gris-vert de son feuillage en forme d'aiguilles le long de tiges robustes, qu'on aime le romarin, autant que pour son pouvoir aromatique qui attire de loin les abeilles. Donnez-lui du soleil et laissez-le un peu au sec pour le voir prospérer. Les pousses de l'année parfumeront les poissons, les grillades, les volailles et rôtis.

Orientation : au soleil à l'abri du vent.

Terre : terre à rosiers.

Plantation : en avril, dans un grand pot ou un bac, en soignant le drainage de fond.

Arrosages : modérés. Attendre que la terre sèche un peu au pied.

Soins : surfacer de compost à l'automne, pailler à l'arrivée de l'hiver pour protéger la plante du gel.

Récolte : cueillir dès mai les pousses de l'année, qui sont les plus parfumées. On peut faire sécher les tiges, la tête en bas, à l'ombre, et bouillir 2 m les feuilles (une cuiller à soupe par tasse) comme stimulant et pour faciliter la digestion.

Thymus
Thym

Arbrisseau nain • Vivace • Aromatique • Persistant • Rustique • Rose lilas dès juin • Soleil • Terreau universel • Une plante au quotidien

Le thym est une plante modeste mais remarquablement aromatique (et très visitée par les abeilles). Varié de couleur et de parfum il est toujours très robuste. Buissonnant et trapu *Thymus vulgaris*, le thym des jardins, est gris-vert, ou doré avec 'Aureus', et fleurit rose lilas au début de l'été. Utilisez-le en bouquet garni, pour les grillades et les poissons, pour parfumer le taboulé ou le thé vert. Tout aussi modeste et parfumé, *Thymus* x *citriodorus*, ou thym citronnelle, est vert vif, panaché de blanc avec 'Argenteus', doré avec 'Golden Dwarf'. Il fleurit lilas dès juin. Infusé quelques minutes, il est très agréable à boire.

Orientation : soleil à l'abri du vent.

Terre : terreau universel.

Plantation : planter en avril quelques pieds tous les 10 cm dans un pot de taille moyenne. Enterrer assez profondément les plants. Soigner le drainage de fond.

Arrosages : réguliers, sans excès dès que le thym s'est bien enraciné.

Soins : surfacer de compost et de tourbe mêlés en automne et pailler à l'entrée de l'hiver.

Multiplication : par division des touffes en mars-avril.

Récolte : en pleine floraison. On peut faire sécher le thym en bouquets, à l'ombre la tête en bas, et utiliser les feuilles et les fleurs de *Thymus vulgaris* (une cuiller à soupe par tasse) en décoction de 2 mn pour soulager les bronchites et tonifier. Congelé, le thym garde tout son parfum.

Troisième partie

INDEX

Après un index général, regroupant les noms botaniques et les noms usuels des plantes sélectionnées dans ce guide, treize index vous permettront de choisir des plantes en fonction de différents critères (exposition, saison de floraison, genre...)

INDEX GÉNÉRAL

FLORAISONS SAISON PAR SAISON

Printemps

Été

Automne

Hiver

PLANTES ANNUELLES

PLANTES AROMATIQUES ET ODORANTES

PLANTES DE CLIMATS DOUX

PLANTES D'OMBRE

PLANTES SUPPORTANT LA SÉCHERESSE

SEMIS FACILES

REMERCIEMENTS

Nous tenons à exprimer nos vifs remerciements aux professionnels qui ont bien voulu nous faire part de leur expérience : Alain Bandaly, paysagiste ; Didier Brunner, paysagiste au Musée d'art américain de Giverny ; Elisabeth Cadot, de la jardinerie Delbard à Paris ; Laurence Fournier, de la jardinerie Le Jardin de Victoria à Paris ; Josée Morel, paysagiste ; Pierre-Emmanuel Schmitt, de la jardinerie Bru - Le Bon Jardinier à Paris.

Que tous ceux qui nous ont généreusement ouvert les portes de leur balcon et de leur terrasse trouvent ici l'expression de notre reconnaissance : Ginette Bourgeron, Joyce Bunuel, Valérie Cook, Yaguel Didier et Patrick de Bourgues, Carole Fevre, Marion Held-Javal, Siki Maillard, Marie Perennou, Christian Pipart et Andrée Putman.

Ont collaboré à cet ouvrage :
Édition : Claire Desserrey
Conception graphique : Studio de création Flammarion
Mise en page : Graffic
Fabrication : Françoise Guichard
Photogravure : M.C.P

Achevé d'imprimer en mars 1999
sur les presses de l'imprimerie Pollina, 85400 Luçon
N° d'impression : 77182
Dépôt légal : avril 1997
Imprimé en France